Diario de un estoico

MODERNO

Diario de un estoico

MODERNO

90 días para descubrir la paz interior
y vivir con tolerancia, compasión
y propósito

BRITTANY POLAT

REM*life*

Journal Like a Stoic
Diario de un estoico moderno

Copyright © 2022 by Penguin Random House LLC

Todos los derechos reservados, incluido el derecho de reproducción total o parcial en cualquier forma.

© **Editorial Reverté, S. A., 2023**
Loreto 13-15, Local B. 08029 Barcelona – España
revertemanagement.com

Edición en papel
ISBN: 978-84-17963-84-2

Edición en ebook
ISBN: 978-84-291-9769-3 (ePub)
ISBN: 978-84-291-9770-9 (PDF)

Editores: Ariela Rodríguez / Ramón Reverté
Coordinación editorial y maquetación: Patricia Reverté
Traducción: Betty Trabal
Revisión de textos: M.ª del Carmen García Fernández

Impreso en España – Printed in Spain
Depósito legal: B 16697-2023
Impresión y encuadernación: Liberdúplex
Barcelona – España

105

CONTENIDO

CURSO B

EL CAMINO HACIA LA ACEPTACIÓN

La filosofía moldea y configura el espíritu, ordena nuestra vida, guía nuestra conducta, nos muestra lo que debemos hacer y lo que no; toma el timón y lleva el rumbo cuando titubeamos ante las dificultades. Sin ella, nadie puede vivir sin temor o en paz. Son innumerables las cosas que acaecen cada hora y requieren un consejo, y este hay que buscarlo en la filosofía.

Séneca, *Epístolas morales a Lucilio*, 16.3

INTRODUCCIÓN

El día antes de marcharme por primera vez a la universidad, visité a mi abuela para darle un abrazo de despedida. Ella, con su ingenio tan característico, me dio un pequeño consejo: «Si alguien intenta venderte judías mágicas, ¡no las compres!». Me eché a reír mientras me preguntaba qué querría decir con aquello. ¿Se referiría al cuento infantil? Me marché, pero seguí dando vueltas a sus palabras.

Siempre había pensado que encontraría la felicidad viviendo en un lugar determinado o teniendo un aspecto o un trabajo concretos. Pero cada vez que lograba una de esas cosas sentía que la felicidad se me escapaba de las manos. Entonces me di cuenta de que no existen soluciones mágicas para los problemas. Aprendí, por propia experiencia, que si alguien o algo nos promete la luna tenemos que ponerlo en duda. Y con el tiempo comprendí que son el esfuerzo y el sentido común los que nos hacen sacar el máximo provecho de la vida.

Cuando hace quince años descubrí el estoicismo no pude evitar pensar en mi abuela. ¿Acaso el estoicismo era simplemente una solución mágica o fantástica, similar a la idea de las «judías mágicas» en los cuentos de hadas? Estaba buscando la manera de sortear las dificultades de épocas difíciles de mi vida: cambios de trabajo, traslados a países nuevos y la educación de mis tres hijos, jóvenes y enérgicos. Busqué en internet «libros sobre la sabiduría» y me topé con *El arte de la buena vida: un camino hacia la alegría estoica*, de William B. Irvine. Entonces me pregunté: «¿Qué es eso de la alegría estoica?». Me picó la curiosidad y empecé a investigar. Así encontré muchos otros libros que contenían grandes promesas sobre el estoicismo: alcanzaría la sabiduría, la felicidad y la serenidad si era capaz de empaparme de esa filosofía de 2000 años de antigüedad. Parecía demasiado bueno para ser cierto. Aun así, compré los libros y decidí leerlos con la mente abierta.

Conforme aprendía más sobre el estoicismo me iba percatando de que no se trata de un simple discurso de autoayuda, sino de un sistema profundamente reflexivo y sólidamente arraigado para vivir una vida plena. Esta corriente filosófica lleva cientos de años ayudando a la gente a dar sentido a su vida y a afrontar las dificultades. De hecho, durante más de dos milenios ha demostrado ser un método adecuado para construir una vida con propósito e intención. En cierto sentido, es lo contrario a lo que dice el cuento de las judías mágicas: vivir una vida estoica requiere disciplina e introspección; en otras palabras, es un trabajo arduo y complicado.

Lo que pretendo decir es que para sacar partido de este proceso vas a tener que implicarte y esforzarte mucho. Lo que te ofrece este curso son 90 días de lecciones y un trabajo diario intenso. Eso sí, valdrá la pena, ya que diversos estudios han demostrado que las personas que practican el estoicismo logran reducir sus emociones negativas, y además notan que disponen de más energía. Yo misma sigo experimentando esos beneficios conforme practico y crezco como estoica. Leo todos los libros sobre estoicismo que caen en mis manos; he abierto una web sobre esta corriente, he escrito mi primer libro acerca del tema —relacionado con la maternidad/paternidad— y pertenezco a la comunidad mundial de estoicos. También he empezado a trabajar con Modern Stoicism y Stoic Fellowship, dos organizaciones sin ánimo de lucro que promueven esta filosofía por todo el planeta. Y hace poco fundé Stoicare con la pretensión de concentrar en ella mis conocimientos sobre la sabiduría estoica, el bienestar, la comunidad y el cuidado de las personas.

Bien practicado, el estoicismo ofrece unas raíces sólidas y estables para que tengas una vida plena y feliz. Pero hay algo importante que debes saber: solo tú eres el responsable de reflexionar sobre lo que quieres hacer con tu vida y de actuar en consecuencia. En definitiva, vivir en paz y con un propósito es un trabajo personal para el que no se necesitan judías mágicas.

CÓMO USAR ESTE DIARIO

Este diario consta de dos partes: la primera da información sobre el estoicismo, y la segunda es un diario de 90 días con diversas citas alusivas a esta corriente filosófica. Es decir, en la primera parte conocerás sus principios y su historia, a las personas que le dieron forma; sus consejos te acompañarán a lo largo del curso y entenderás por qué el estoicismo es una filosofía práctica para la vida.

En la segunda parte empezarás a explorar por tu cuenta las ideas estoicas. Cada día revisaremos una perla de sabiduría de este ancestral sistema filosófico que irá seguida de una lección para ayudarte a contextualizar el consejo en tus desafíos cotidianos. También tendrás la oportunidad de reflexionar sobre el significado de cada lección estoica al escribir en el diario cómo las aplicas en tu vida.

Todos los cursos se corresponden con un elemento fundamental de la práctica estoica diaria, de la siguiente manera:

CURSO A: EXAMINAR NUESTRA VOZ INTERIOR. Te pide que actúes con claridad y valentía mientras desarrollas una relación más sana con tu mente.

CURSO B: EL CAMINO HACIA LA ACEPTACIÓN.
Te ayuda a abrazar plenamente tu vida, a adaptarte a los nuevos retos y a encontrar una actitud de aceptación y aprecio hacia nuestro maravilloso e impredecible mundo.

CURSO C: VIVIR CON VIRTUD.
Refuerza tus conocimientos recién adquiridos con un mayor sentido de propósito y serenidad, aprovechando tu capacidad de fortaleza y amabilidad.

Después de escribir durante 90 días en tu diario, ya tendrás la preparación adecuada para vivir sin juzgar, con más intención y capacidad de aceptación. Y lo mejor de todo es que dispondrás de las herramientas necesarias para continuar explorando las ideas estoicas por tu cuenta, tanto en teoría como en la práctica.

CONSEJOS PARA ESCRIBIR EN TU DIARIO

SIGUE EL ORDEN ESTABLECIDO

Estos cursos han sido diseñados ex profeso para avanzar desde las lecciones más fáciles del principio hasta las más complejas del final. Todas esas pautas te harán reflexionar, pero las lecciones iniciales te prepararán para las más exigentes que vendrán después. Mi consejo es que sigas ese orden.

SÉ CONSTANTE

Intenta que escribir en tu diario forme parte de tu rutina y estilo de vida. Lo ideal sería que encontraras una hora y un lugar concretos para escribir cada día, o por lo menos varias veces a la semana. Si no es posible, haz lo que puedas, pero recuerda que cuanto más constante seas más impacto tendrá el diario en tu vida cotidiana. (Otra cosa: si es posible, escribe siempre con el mismo bolígrafo. Así estarás dando una pincelada de coherencia al proceso de escritura, mientras que otras variables, como el momento o el lugar, son más difíciles de controlar).

LLENA TODAS LAS PÁGINAS

Te animo a que rellenes todo el espacio en blanco del diario. Esto te servirá para tener constancia de tu crecimiento psicológico y espiritual. Si necesitas añadir más páginas, hazlo, pero ten en cuenta que el objetivo no es la extensión, sino la reflexión profunda y la introspección. Es decir, lo que importa no es el número de palabras, sino tu compromiso con el proceso de elaboración del diario.

ESTABLECE UNA RUTINA REGULAR DE ESCRITURA

Establecer una especie de ritual en torno a la rutina de escritura en tu diario te ayudará a obtener mejores resultados, porque preparará tu mente para la introspección y lo convertirá en una actividad agradable y a la vez beneficiosa. Busca un lugar tranquilo en el que puedas reflexionar en silencio y llévate un café, un té o un vaso de agua para estimular tus pensamientos.

PRIMERA PARTE

Entender la filosofía estoica

En esta parte exploraremos los orígenes y las principales ideas de la filosofía estoica. Aprenderás sobre el naufragio que dio lugar a una revolución filosófica. Entenderás cómo practicando las llamadas «cuatro virtudes» se puede crear un espacio para la claridad, la confianza y la satisfacción. Y veremos por qué la persona más poderosa del mundo estudió las palabras de un antiguo y humilde esclavo. Al final de esta primera parte entenderemos por qué el estoicismo es una filosofía *para todo el mundo* y tendrás la preparación adecuada para probarla.

EL UNIVERSO ESTOICO

El estoicismo es una filosofía de vida en el sentido más amplio. Es decir, nos puede guiar en todas las decisiones, desde las profesionales hasta la de qué cenar hoy. Además, nos ayuda a mantenernos centrados en momentos de incertidumbre y desafíos inesperados.

A través de sus tres disciplinas interconectadas —la lógica, la ética y la física—, el estoicismo te ayuda a comprender nuestra relación con nosotros mismos, con el cosmos y con otras personas. Es decir, te ayuda a reconocer tu propósito y tu camino de una manera que ninguna otra filosofía es capaz de hacer, porque te conecta con tu riqueza interior y nos insta a enfocarnos en lo que podemos controlar. Veamos brevemente estas tres disciplinas y cómo te pueden ayudar a vivir una buena vida hoy en día.

LA LÓGICA

¿Cómo es posible saber lo que es verdad y lo que no? ¿Cuál es la mejor manera de debatir sobre un tema? Estas son algunas de las preguntas que los primeros estoicos se hacían. La lógica estoica abarcaba muchas de nuestras actividades relacionadas con el pensamiento racional.

Actualmente, la lógica es tan importante como siempre. No queremos ser engañados acerca del mundo que nos rodea ni creer erróneamente que cosas falsas son verdaderas. Por ejemplo, si lees un artículo sobre cómo obtener un descanso óptimo, ¿cómo sabes que es cierto? O, si de repente te viene a la cabeza: *Tengo que renovar la cocina*, ¿cómo decides que es buena idea? La lógica estoica nos ayuda a evaluar las afirmaciones hechas por otros y las afirmaciones que formamos en nuestra propia mente. Nos permite pensar de manera clara y precisa sobre el mundo para tomar decisiones sabias que sirvan a nuestros principios y metas.

LA ÉTICA

Los estoicos forjaron su ética basándose en la creencia de que los seres humanos somos criaturas racionales y sociales; alcanzamos la felicidad máxima cuando nos relacionamos con éxito con otras personas. Para los estoicos, esto implica tener paciencia, y ser amable y tolerante, aunque los demás no lo sean. El estoicismo nos enseña, pues, a tratar con todo tipo de gente, hasta con la que es egoísta, desagradable o está equivocada, pero preservando al mismo tiempo nuestra paz interior y la propia libertad.

LA FÍSICA

En el estoicismo primitivo, la «física» se refería al estudio del mundo natural y del cosmos. Los estoicos creían que el universo está imbuido de un espíritu divino (*pneuma*) y que los humanos, los animales, las plantas y la Tierra, todo lo que está bajo el sol, se cohesionan con él.

Al leer los textos de los antiguos estoicos encontramos numerosas (y maravillosas) referencias a la naturaleza cósmica. Algunos estoicos actuales comparten esa creencia de que la naturaleza es divina, racional y providencial. Otros seguidores de esta corriente prefieren interpretar tales pasajes de un modo metafórico; considerarlos algo así como afirmaciones sobre la interconectividad de todas las cosas. Con independencia de lo que tú prefieras, te animo a cultivar la sensación de asombro, maravilla y gratitud que surge de contemplar el mundo natural.

LAS CUATRO VIRTUDES DEL ESTOICISMO

¿En qué consiste tener una vida plena? Los primeros estoicos creían que se basaba en alcanzar la *virtud* o excelencia interior. Cuando alguien se concentra en desarrollar sus recursos internos —es decir, una determinada forma de pensar, un carácter o unas elecciones morales concretas— activa una felicidad profunda, rica y duradera. A partir de ahí, por muy caótico que se vuelva el mundo a su alrededor, siempre hallará paz y propósito a través de la acción virtuosa. Alcanzar este ideal requiere tiempo y práctica, pero con paciencia y esfuerzo todo el mundo puede.

Y ten clara una cosa: la virtud no es aburrida ni restrictiva, sino el máximo logro humano. Cada individuo tiene el potencial para dar lo mejor de su naturaleza cultivando las siguientes cuatro virtudes esenciales.

SABIDURÍA

En la vida hay que tomar decisiones, y la sabiduría nos ayuda a elegir las que mejor reflejen nuestras aspiraciones e intenciones. Nos muestra qué es importante, por qué vale la pena luchar y cuándo, en cambio, hay que dar un paso atrás. Nos desafía a profundizar en la naturaleza de las cosas, a ver más allá de las apariencias superficiales y enfocar nuestro tiempo y energía limitados en proyectos significativos.

JUSTICIA

En el contexto estoico, la justicia se refiere a la manera de tratar a los demás. ¿Te diriges a otras personas con respeto y eres un buen ejemplo para ellas? ¿Eres consciente de que nadie (ni siquiera tú) es más importante que nadie? Cuando nos guía el principio de justicia, nuestras actitudes y acciones son justas y ecuánimes, hasta generosas, y benevolentes cuando es apropiado que lo sean. La justicia ayuda a eliminar el componente egoísta y exageradamente reactivo en nuestras interacciones con los demás, facilitando que la persona se centre menos en sí misma y más en la experiencia humana colectiva. A través del estoicismo, aprendemos a preocuparnos más profundamente por los demás, desde nuestros amigos más queridos hasta de las personas que están al otro lado del mundo.

CORAJE

El coraje estoico implica entrenar la mente, el cuerpo y el espíritu para soportar las dificultades. Como dice una fuente ancestral, «el coraje se refiere a las situaciones en las que te has de mantener firme». Pero ¿dispones en realidad de lo necesario para afrontar cualquier reto, aunque sea complicado? ¿Sabes superar las dificultades, asumir tareas exigentes cuando hay que hacerlo, y mantenerte firme en tus creencias, aunque nadie te apoye? Para los estoicos, cuanto más te acerques a estas preguntas vivirás con valentía.

TEMPLANZA

La idea que subyace a la templanza es la de controlar los propios impulsos, mantenerlos dentro de unos límites razonables. Esto es, si te dejas guiar por la templanza resistirás las tentaciones superfluas (como el placer físico, el dinero, el poder o la fama) y te dirigirás, en cambio, hacia las «riquezas interiores», que son las que garantizan la prosperidad a largo plazo (en concreto, la autodisciplina y la paciencia). La templanza no consiste en eliminar todos los placeres de la vida, sino en encontrar una mayor alegría en las cosas realmente valiosas, como ser una persona ética y honrada.

LOS ORÍGENES DEL ESTOICISMO

En la antigua Grecia, la Atenas clásica (siglos v y iv a. C.) era una especie de Salvaje Oeste filosófico, con personas que en las esquinas de las calles proclamaban sus ideas sobre las preguntas fundamentales de la vida. Los filósofos se reunían en determinados espacios públicos para debatir y compartir ideas, provocando así una reacción en cadena de innovaciones filosóficas que perdurarían varios siglos después. Algunas de las figuras más influyentes de la época fueron

Sócrates, que instruyó a Platón, y este mismo, que a su vez instruyó a Aristóteles. Cada uno de ellos formó su propia escuela filosófica.

Esa época tan inspiradora dio lugar al «periodo helenístico», durante el cual los filósofos debatían acerca del mejor camino para llegar a la *eudaimonia* o «florecimiento humano». Fue en este contexto de investigación profunda y debate público donde Zenón de Citio inició (hacia el año 300 a. C.) la doctrina del estoicismo. Su nombre proviene de la Stoa Pecile o Stoa Poikile (el *pórtico pintado*), que es donde Zenón acostumbraba a dar sus lecciones.

A diferencia de sus semejantes, Zenón enseñaba que la virtud es necesaria y suficiente para la felicidad. En otras palabras, decía que, con independencia de nuestras circunstancias materiales, siempre podremos vivir una vida plena si nuestro carácter es virtuoso. Zenón era un filósofo muy respetado en Atenas y logró reunir a muchos seguidores durante su vida. A pesar de que existen pocos registros de sus escritos originales, los expertos han sido capaces de recopilar las ideas que exponía en el pórtico griego y que constituirían el primer periodo del estoicismo.

¿Qué ideas podemos extraer de sus enseñanzas? Bien, los estoicos fueron los primeros en insistir en que el buen carácter es lo único necesario para una vida plena. Este pragmatismo atrajo después a los romanos que conquistaron Grecia y, al hacerlo, adoptaron las enseñanzas del estoicismo, propagando así su manera de vivir y dando lugar a algunos de los estoicos más conocidos hoy en día.

LOS PENSADORES ESTOICOS

De Zenón a Marco Aurelio, los estoicos intentaban vivir con virtud y excelencia. Las personas que se sienten atraídas por el estoicismo suelen ser curiosas, comprometidas, arraigadas en sus principios y valores y profundamente pragmáticas, a la vez que reflexivas. En la segunda parte del libro pondremos en práctica los principios estoicos, pero conocer primero un poco sobre los personajes estoicos más famosos nos proporciona un contexto interesante. Veamos con algo más de detalle cuáles fueron los orígenes del estoicismo en Atenas y de qué manera se expandió luego por el mundo.

LA MENTALIDAD DE LOS PRIMEROS ESTOICOS

Zenón de Citio, originario de la isla mediterránea de Chipre, era un comerciante de artículos de lujo en el Imperio griego. Se dice que en uno de sus viajes el barco de Zenón naufragó y este lo perdió todo. Afligido, buscó refugio en una librería de Atenas, donde halló un libro sobre la vida de Sócrates. Fascinado por su impresionante filosofía, preguntó al librero dónde podía encontrar a un hombre como aquel. El librero señaló a un filósofo llamado Crates que en aquel momento pasaba por la calle y le dijo: «¡Síguelo!».

No sabemos a ciencia cierta si así fue como Zenón se hizo filósofo (aunque podría ser un gran mito fundacional), pero sí se sabe que pasó varios años estudiando en diversas escuelas de filosofía de Atenas. Al final él mismo se puso a enseñar cerca de la plaza central de la ciudad, inspirando a muchos de los que asistían a la Stoa Pecile.

El legado filosófico de Zenón se puede resumir en su objetivo vital: «Vivir en armonía con la naturaleza». La escuela estoica que él fundó hizo importantes avances en temas como la lógica proposicional (que todavía utilizan los ordenadores actuales) y la psicología (también empleada hoy en día). Al morir, Zenón fue honrado por los atenienses con una tumba pública y una inscripción repleta de elogios sobre todo lo que había hecho por su ciudad.

LA SIGUIENTE GENERACIÓN DE ESTOICOS

Después de Zenón, el liderazgo de la Stoa pasó a manos de Cleantes de Aso, que había sido boxeador en su juventud y que pagó sus estudios filosóficos trabajando como porteador de agua. Conocido por su piedad, Cleantes supervisaba la escuela mientras los «seguidores del pórtico» debatían sobre cómo interpretar y aplicar las doctrinas de Zenón.

A continuación, llegó Crisipo de Solos, que escribió varios tratados o ensayos filosóficos, y formalizó la postura de la escuela sobre la epistemología, la física y la lógica. Precisamente, la lógica del estoicismo que conocemos hoy en día fue sistematizada por él. Era un filósofo tan brillante e influyente que cierto historiador dijo unos años más tarde: «Si no hubiera existido Crisipo, no habría habido *Stoa*».

De este modo, la escuela estoica fue liderada por una serie de estudiosos hasta la conquista de los romanos; momento en el que fue disuelta como institución formal. A pesar de todo, el estoicismo siguió siendo popular, y durante el periodo del Imperio Romano incluso recobró protagonismo. Estoicos como Hecato de Rodas continuaron escribiendo, mientras que otros, como Musonio Rufo, instruían, enseñaban y, en definitiva, influían en las autoridades a través del estoicismo.

Gran parte de los antiguos documentos estoicos que se conservan pertenecen a ese periodo. Y los escritos de Séneca, Epicteto o Marco Aurelio no son artículos académicos, sino cartas personales, diarios y conferencias; es decir, palabras de personas reales sobre los problemas del mundo real.

Séneca y Epicteto

Séneca —rico estadista, dramaturgo y tutor del joven emperador Nerón— fue testigo de numerosos actos de debilidades humanas dentro de la corte imperial. Antes de que Nerón llegara a la mayoría de edad, le ayudó con éxito a dirigir el Imperio, pero ni siquiera un estoico como él fue capaz de contener a Nerón durante mucho tiempo: las tendencias violentas del emperador se revelaban en hechos como ordenar ejecutar a sus rivales políticos e incluso a su propia madre, y en que mostró una crueldad inusitada con amigos y enemigos.

Nerón acabó cansándose de la influencia de Séneca y le ordenó suicidarse. Séneca se despidió pronunciando un alegato filosófico sobre la virtud dirigido a sus amigos y a su desconsolada esposa, con el objetivo de protegerla de su propio sufrimiento y para mostrar su fortaleza y serenidad en medio de la adversidad. Por desgracia, su reputación se vio empañada por cierta disposición a consentir algunas de las malas conductas de Nerón. Hoy en día, Séneca es considerado uno de los antiguos estoicos más complejos (o comprometidos).

Aun así, y a pesar de sus defectos, la obra de Séneca está considerada una de las mejores fuentes del estoicismo antiguo. A través de sus obras dramáticas, ensayos y cartas, Séneca abordó los problemas universales: la ira, el dinero, la amistad o el paso del tiempo. En sus diversos escritos podemos vislumbrar cómo somos los seres humanos: imperfectos, pero dispuestos siempre a mejorar.

Epicteto, en cambio, fue un sabio profesor que vivió una existencia sencilla lejos del centro del poder de Roma. A pesar de haber nacido esclavo, consiguió estudiar la filosofía estoica con Musonio Rufo. Cuando por fin le concedieron la libertad, fundó su propia escuela filosófica. No dejó obra escrita, pero uno de sus discípulos, Arriano, recopiló fragmentos de sus discursos. Estas notas, conocidas como las *Disertaciones* y el *Manual*, se hicieron famosas y es lo único que nos ha quedado de sus enseñanzas.

En sus *Disertaciones* es posible ver con claridad por qué tantas personas admiraban a Epicteto: sus lecciones claras y directas arremetían contra el ego y enseñaban a sus seguidores a ir por el camino de la sabiduría. Se reía de sí mismo, despotricaba de los hipócritas y se comprometía una y otra vez a explorar su libertad interior. Sus ideas tuvieron un gran impacto en quienes estudiaron el estoicismo después de él, incluido el famoso emperador y filósofo Marco Aurelio.

Marco Aurelio

Marco Aurelio ostentó el máximo poder político de la Antigüedad y además fue un influyente filósofo. Como emperador romano, era el hombre más poderoso del mundo y tenía a su disposición enormes riquezas y legiones de soldados. Sin embargo, intentaba vivir como un filósofo. Tomó sabias decisiones políticas, trató a los demás con consideración, supo reprimir su deseo de lujos innecesarios y encontró paz y resignación con su inminente muerte. Marco Aurelio luchó contra la deslealtad de la gente, pero dedicó su vida al servicio público.

Por supuesto, como cualquier otro ser humano, Marco Aurelio tuvo una vida llena de triunfos y también de tragedias: la mayoría de sus hijos murieron en la infancia; se enfrentó constantemente a invasiones bárbaras y a revueltas militares, y vivió una de las peores plagas de la historia europea (la peste antonina o plaga de Galeno). Escribió parte de sus *Meditaciones* —una especie de diario filosófico privado— en mitad de una complicada campaña militar. Pero gracias a repetir y reafirmar sus principios estoicos en este diario personal, Marco encontró consuelo. Su sensibilidad poética y su compromiso filosófico han inspirado a muchas generaciones de líderes y pensadores, y por ello *Meditaciones* se ha convertido en uno de los libros más leídos de todos los tiempos.

EL ESTOICISMO ES PARA TODOS

En las antiguas Grecia y Roma, la mayor parte de la población (la formada por mujeres, esclavos y pobres) estaba excluida de las comunidades filosóficas. Peor aún, se hallaba apartada de la política y era maltratada por la sociedad. En el mejor de los casos, a estas personas marginadas solo se les permitía ingresar cuando hombres adinerados decidían abrir las puertas.

Sin embargo, los historiadores consideran que el estoicismo —a pesar de verse limitado por estas prácticas culturales— era mucho más inclusivo que otras creencias filosóficas del momento. Muchos de los primeros estoicos pensaban que la virtud estaba al alcance de todo el mundo, incluso de los pobres y los oprimidos. (Recuerda que el gran maestro estoico Epicteto fue un esclavo). Y la mayoría de ellos estaban a favor de que las mujeres recibieran formación filosófica formal.

Si bien hoy en día puede parecer trivial aplaudir un acceso tan limitado, explorar la historia del estoicismo (y gran parte de la historia en general) implica enfrentarse a estas vergonzosas realidades. Sería complicado, incluso desalentador, contextualizar estas prácticas culturales de otros tiempos. Sin embargo, como mujer que podría haber sido excluida de muchos debates estoicos tempranos, creo que aún hay mucho que aprender de esta filosofía profundamente reflexiva que ha guiado a personas de diversos orígenes durante más de 2000 años. Gran parte del mundo está de acuerdo.

Por tanto, queda claro que la filosofía estoica no está reservada a un determinado grupo cultural o una experiencia vital concreta; al revés, hoy en día es practicada en todo el mundo y por todo tipo de gente. Existen prósperas comunidades estoicas en todos los continentes, en cientos de países y en múltiples idiomas. El estoicismo aborda aspectos de la experiencia humana que son comunes a todas las personas, y proporciona herramientas para vivir con mayor intención, propósito y aceptación.

Si adaptamos y actualizamos el estoicismo a nuestras circunstancias, hallaremos la virtud, la verdad, el progreso y el potencial de cada cual para desarrollar lo mejor de la naturaleza humana. Por eso continúo estudiando y practicando el estoicismo, con ciertas modificaciones. Por ejemplo, cuando leo los textos estoicos originales cambio mentalmente los pronombres para aplicarlos de una forma más amplia. En el caso de este libro hemos adaptado los textos para que resultaran más inclusivos. En tu caso, al margen de cuál sea tu trayectoria vital, te animo a desarrollar tu propio método para aplicar el estoicismo en tu vida cotidiana.

UN FOCO ESTOICO

Una de las primeras mujeres influyentes que dejaron huella en el estoicismo quizá fue Elizabeth Carter, la primera persona que tradujo las *Disertaciones* de Epicteto al inglés. Políglota autodidacta y escritora, era conocida tanto por su carácter íntegro como por su erudición. En la Inglaterra del siglo XVIII, donde se esperaba que las mujeres se casaran jóvenes y se limitaran a ser amas de casa, Carter rechazó varias ofertas de matrimonio para convertirse en una erudita respetada a nivel internacional.

Fue, por ejemplo, muy reconocida por celebridades literarias como Samuel Johnson, el autor del primer diccionario inglés completo, y era amiga de otras mujeres destacadas de la época. Sus traducciones de las *Disertaciones* y el *Manual* se mantuvieron como el referente en inglés durante más de un siglo. Aunque ella no se consideraba estoica, Elizabeth Carter es un ejemplo de la sabiduría, el conocimiento y la excelencia personal propios de los líderes estoicos.

SEGUNDA PARTE

El estilo de vida estoico

Te doy ahora la bienvenida a la parte de esta experiencia dedicada a la escritura de un diario (es decir, la parte que trata sobre tu trabajo interior). Cada lección o día de escritura incluye una cita de un antiguo estoico, una breve reflexión sobre esa cita y varias preguntas o sugerencias para ayudarte a ahondar en tu propia indagación. *Elige cualquiera de esas sugerencias,* o bien abórdalas todas si cuentas con la suficiente inspiración para ello. Si seleccionas solo una, el resto quedará a tu disposición para cuando quieras seguir practicando.

Dedica entre 10 y 15 minutos a reflexionar e intenta escribir, aunque sea un poco, cada vez que te sientes con el diario. Está bien que hagas un descanso, pero retoma el ritmo lo antes posible. Cuanto más intencional seas con tu práctica y más tiempo la mantengas, más probable será que alinees tus acciones con tus valores, controles el juicio en todas sus formas y te establezcas en una vida de tranquilidad interior.

CURSO A

EXAMINAR NUESTRA VOZ INTERIOR

Durante los primeros 30 días, tu centro de atención será la relación con tu voz interior. Comenzaremos de modo que tomes conciencia de tus pensamientos, con la finalidad de que te liberes del apego a juicios inútiles y le pongas freno a la autocrítica. Aprenderás, también, a reforzar la autocompasión, a practicar la humildad y a evitar depender de las opiniones ajenas.

Recuerda que no tienes que completar todas las sugerencias, sino que puedes elegir la que te acerque más al resultado que quieres obtener. A lo mejor esta es la que te hace esforzarte más. Transcurridos los 30 días comprenderás cómo la claridad mental y el respeto hacia uno mismo conducen a la aceptación de lo que somos y a la paz interior.

¿Cuál es la primera tarea de quien filosofa? Expulsar la opinión injustificada, pues es imposible empezar a aprender lo que ya crees saber.

Epicteto, *Disertaciones*, 2.17, 1

Epicteto sostiene que para gozar de una vida plena lo primero que hay que hacer es ver el mundo con claridad, con una mirada fresca. Aprende, por tanto, a poner en duda tus suposiciones y pregúntate si tus razonamientos habituales son saludables y adecuados. El mejor recurso durante este proceso es tener la mente abierta. Si te abres a descubrir cosas nuevas sobre ti y sobre el mundo, ten por seguro que las descubrirás.

1. ¿Qué viejos hábitos mentales ya no te sirven? (Por ejemplo, ¿tienes el hábito de hablar negativamente sobre ti? ¿Tiendes a rehuir ciertos pensamientos o sentimientos?).
2. Escribe tres cosas que te gustaría cambiar de tus hábitos mentales.

Si alguien es capaz de convencerme y demostrarme que no pienso ni actúo correctamente, cambiaré con gusto. Porque persigo la verdad, que no dañó nunca a nadie; en cambio, sí se daña el que persiste en su propio engaño e ignorancia.

Marco Aurelio, *Meditaciones*, 6.21

Marco Aurelio nos recuerda la importancia de valorar la verdad para modificar los propios pensamientos y comportamientos cuando es necesario. A veces la verdad duele, sobre todo cuando se refiere a uno mismo, pero en última instancia ese malestar te hará crecer y prosperar. Para los estoicos, cuando nos examinamos a nosotros mismos y a nuestro mundo de la manera más objetiva posible, desarrollamos sabiduría, comprensión y confianza en nosotros mismos.

1. ¿Es relevante para ti la verdad? ¿Por qué sí o por qué no? ¿Preferirías ser feliz, pero vivir en el engaño, o afrontar la verdad aunque sea dolorosa?

2. ¿Piensas que tu ego y sentido de valía personal están fuertemente vinculados a la idea de «tener siempre la razón»? ¿Qué pasaría si renunciaras a la necesidad de tener siempre razón? ¿Cómo podrías liberarte de ello para explorar nuevas ideas, cometer algunos errores, aprender de estos y seguir adelante?

DÍA 3: ENCUENTRA EL CORAJE SERENO

> Si la gente supiera en qué consiste el coraje no tendría
> duda de cómo debería actuar una persona valiente; en
> tanto que la valentía no es la imprudencia irreflexiva,
> o el amor al peligro, o la exposición a objetos que
> inspiran miedo, sino el conocimiento que nos permite
> distinguir entre lo que es malo y lo que no lo es.
>
> Séneca, *Epístolas morales a Lucilio*, 85.28

Los estoicos nos recuerdan que el coraje va mucho más allá de la
adrenalina que nos corre por las venas cuando somos valientes desde
un punto de vista físico. Séneca define el coraje como hacer lo correcto,
incluso cuando eso sea difícil de poner en práctica. Actuar con coraje
implica, pues, enfrentarte a tus miedos, defender aquello en lo que crees
o volver tu mirada hacia dentro para confrontar tus dudas. En ocasiones, los actos que pasan más desapercibidos son los que requieren un
mayor coraje.

1. Piensa en alguna ocasión en la que demostraste un coraje sereno.
   ¿Qué te inspiró a ser valiente en esa situación? Anótalo.
2. ¿De qué forma podría ayudarte el coraje a mirar dentro de ti?
   ¿Hay ahora mismo algo a lo que tengas que enfrentarte y para lo
   que necesites coraje?

_____

_____

_____

_____

El estilo de vida estoico

DÍA 4: TU NATURALEZA ESENCIAL

> ¿Y cómo es nuestra naturaleza? Es la de seres libres,
> nobles y respetuosos.
>
> Epicteto, *Disertaciones*, 3.7, 26

Epicteto lo expresa de manera clara y sencilla: todos los seres humanos, incluyéndote a ti, merecemos dignidad y respeto. Las personas somos curiosas, atentas, racionales y sociales. Pero también difíciles, complejas, y llenas de un gran potencial. Hoy analizamos la relación entre la libertad interior y el respeto por uno mismo, el núcleo de lo que eres.

1. ¿Qué impide que te respetes a ti mismo? Enumera cinco maneras de ser más amable contigo. ¿Cómo podrías irradiar esa amabilidad hacia fuera?

2. Detrás de tu voz interior crítica está tu naturaleza esencial y genuina. ¿En qué piensa esa persona? ¿Cómo se sostiene y se nutre a sí misma? Identifica dos maneras en las que puedes comenzar a ser tu yo esencial en casa, en el trabajo y en tus relaciones sociales.

_____

_____

_____

_____

_____

_____

_____

_____

_____

_____

_____

_____

_____

_____

_____

_____

_____

_____

_____

_____

_____

Debemos poner ante nuestros ojos la meta del Dios Supremo y esforzarnos por alcanzarla, pues es la referencia de todos nuestros actos y de nuestras palabras, de la misma manera que los navegantes guían su rumbo según una estrella determinada. La vida sin ideales es una vida errática.

Séneca, *Epístolas morales a Lucilio*, 95.45–46

Séneca nos insta a reflexionar cuidadosamente sobre nuestros objetivos vitales, y no ir por la vida sin rumbo fijo o con el piloto automático. ¿Adónde pretendes ir y por qué? Cuando sabes hacia dónde te diriges, cada paso del viaje se vuelve más significativo.

1. Imagina que dentro de diez años, en el futuro, echas la vista atrás. Enumera tres aspiraciones de las cuales tu yo futuro se sentiría orgulloso.
2. Concreta tres objetivos que se correspondan con esas aspiraciones. ¿Qué hábitos o rutinas deberías desarrollar para alcanzarlos? Anota dos cosas que puedas hacer esta semana para apoyar la consecución de cada objetivo concreto.

DÍA 6: FILTRA LO INNECESARIO

¿No sería mejor hacer lo necesario y todo cuanto prescribe, y de la manera que lo prescribe, la razón del ser sociable por naturaleza? Porque este procedimiento no solo procura buena disposición de ánimo para obrar bien, sino también el optimismo que proviene de estar poco ocupado.

Marco Aurelio, *Meditaciones*, 4.24

Marco Aurelio nos recuerda que debemos pensar cuidadosa y críticamente acerca de lo que realmente importa. El objetivo de hoy es que desarrolles el hábito de preguntarte: «¿Es esto realmente necesario?». Ello afectará a tus decisiones sobre dónde ir, qué hacer y con quién pasar tu tiempo. Si sabes filtrar las distracciones innecesarias, estarás dejando espacio para la reflexión, el significado y la realización.

1. Haz una lista de tus tareas y actividades diarias. Luego repásala y reflexiona cuidadosamente sobre la importancia o el sentido de cada una de esas actividades. ¿Podrías eliminar alguna? Si es así, táchala. ¿Con qué proyecto estimulante u objetivo a largo plazo podrías sustituirla?

2. ¿Cómo te asegurarás de que las actividades superfluas no vuelvan formar parte de tu vida? ¿Qué filtros mentales usarás? Piensa en un mantra, una simple frase que te recuerde que has de eliminar los hábitos innecesarios o perjudiciales.

DÍA 7: RESPETA TU ESENCIA

Puesto que es necesario que todo hombre se sirva de cada cosa de acuerdo con la idea que se haya formado de ella, aquellos pocos, los que creen haber nacido para la fidelidad y para el respeto y para la seguridad en el uso de las impresiones sensoriales no tienen ninguna idea vil o innoble sobre sí mismos, pero la mayoría tiene las ideas contrarias.

Epicteto, *Disertaciones*, 1.3, 4

Si se te presenta una oportunidad de progresar, ¿la aprovechas o te resistes? Epicteto dice que las creencias de cada individuo sobre sí mismo juegan un papel clave en sus elecciones. Por tanto, si decides aferrarte a la excelencia, al coraje y al respeto por tu esencia, siempre (o casi siempre) superarás los obstáculos y aprovecharás las experiencias de la vida.

1. ¿Tienes a menudo pensamientos desagradables o demasiado críticos sobre ti? Escríbelos.
2. ¿Qué pasaría si descubrieras que esos pensamientos desagradables no son objetivamente ciertos? ¿Y si los sustituyeras por otros más útiles? Reescribe cada pensamiento negativo desde un ángulo nuevo, más compasivo. Identifica una acción que puedas llevar a cabo hoy y que sustituya las opiniones negativas sobre ti por otras más respetuosas y comprensivas.

DÍA 8: RECONSIDERA TUS JUICIOS

> Que todo es opinión y esta depende de ti. Acaba pues,
> cuando quieras, con tu opinión, y del mismo modo que
> una vez doblado el cabo surge la calma encontrarás tú
> también la calma y una bahía sin olas.
>
> Marco Aurelio, *Meditaciones*, 12.22

Los juicios precipitados sobre situaciones, personas o nosotros mismos no son verdades objetivas. Son solo opiniones o historias que contamos sobre una situación determinada y cómo la percibimos. Algunas veces estas historias nos ayudan a dar sentido a la vida, pero otras muchas empeoran más las cosas. Marco Aurelio nos recuerda que refrenando las críticas negativas es posible escapar de la turbulencia emocional.

1. Elige una situación en la que hayas hecho juicios precipitados:
   a) al conocer a una persona; b) en una entrevista de trabajo; c) en una discusión con un amigo o pareja. Recuerda cómo fue esa situación y examina cuidadosamente cuáles fueron tus juicios. ¿Se trata de verdades objetivas o solo de opiniones? ¿Podría existir otra realidad alternativa?

2. Si te cuestionaras esos juicios, ¿tendrías más calma y actuarías de un modo más efectivo? Anota un juicio u opinión que desees liberar. Luego reflexiona sobre lo que has escrito durante 30 segundos. ¿Cómo te sientes ahora?

> Si te afliges por alguna causa externa, no es ella lo que te importuna, sino el juicio que haces de ella. Y borrar ese juicio depende de ti. Pero si te aflige algo que radica en tu disposición, ¿quién te impide rectificar tu criterio?
>
> Marco Aurelio, *Meditaciones*, 8.47

Marco Aurelio te pregunta: «¿Quién te impide corregir tu opinión?». (Te daré una pista: tú). Al examinar con detenimiento tus emociones negativas podrás ver que existe cierto espacio entre la aparición de un estímulo negativo (lo que ha pasado) y tu propia respuesta emocional (cómo te sientes por ello). Marco Aurelio nos recuerda que el poder radica en la capacidad de suprimir tu juicio sobre un estímulo externo y darte cuenta de que ese estímulo no controla tus pensamientos, sino que eres tú quien lo hace.

1. Identifica la última emoción negativa que sentiste. ¿Cuál fue el estímulo? ¿Cuál fue tu opinión sobre la situación? ¿Cuándo empezaste a sentirte mal? Ahora intenta ampliar el espacio existente entre el estímulo negativo y tu respuesta emocional. ¿Cabría la posibilidad de que ahora cambiaras la opinión de que algo «malo» estaba ocurriendo?

2. Te despiertas de mal humor. Explora un patrón de pensamiento diferente que sea más expansivo o indulgente para aplicarlo a esa situación. ¿Cómo influye ese patrón de pensamiento en tus acciones?

DÍA 10: SÉ TU MEJOR AMIGO

> Entretanto te daré a conocer, ya que te debo el
> pequeño obsequio diario, una frase de Hecatón que
> hoy me ha encantado. Dice así: «¿Me preguntas en
> qué he aprovechado? He comenzado a ser mi propio
> amigo». Mucho me ha aprovechado: nunca estaré solo.
> Ten presente que un tal amigo es posible a todos.
>
> Séneca, *Epístolas morales a Lucilio*, 6.7

Séneca nos recuerda que el primer paso para forjar auténticas amistades con otras personas es ser amigo de uno mismo. Si tienes total confianza en ti, dependerás menos de la validación de otros, y al hacerlo crearás un espacio para aceptar a los demás tal como son. Podemos tener unos valores o principios muy elevados, pero aun así podemos ser compasivos con nosotros mismos, o con los demás, cuando hay dificultades para cumplirlos.

1. ¿Te tratas igual que tratas a tus amistades? Ponte frente a un espejo y nombra cinco cualidades tuyas por las que sientas orgullo.
2. Identifica un área en la que suelas criticarte. Escribe un mensaje para ti, pero como si se lo dirigieras a un amigo, mostrando compasión y animándote a mejorar en ese aspecto.

DÍA 11: REFUERZA LOS VALORES

Si no conviene, no lo hagas; si no es cierto, no lo digas.

Marco Aurelio, *Meditaciones*, 12.17

Marco Aurelio llega aquí al fondo de la relación entre los valores y las acciones. Si valoras cualidades internas como la intencionalidad y la aceptación, tus impulsos y acciones reflejarán esos ideales. Pero vivir de acuerdo con tus valores no implica la perfección o la renuncia a todos los deseos; solo se trata de reforzar la conexión entre tus valores y tus impulsos, de manera que tus acciones reflejen tu deseo de hacer el bien.

1. En lugar de tratar de suprimir tus impulsos, plantéate redirigirlos hacia los objetivos que consideres nobles. ¿Cuáles de esos objetivos merecen tu energía? ¿Con qué valores se relacionan? Identifica tres o cuatro impulsos que estén alineados con tus objetivos.

2. Cuando te enfrentas a un conflicto interno, ¿qué puedes decirte para recuperar la calma? Escribe un breve mantra que puedas memorizar y repetir cada vez que veas comprometidos tus valores.

DÍA 12: EQUILIBRA TU SISTEMA NERVIOSO

> Considero el primer indicio de un espíritu equilibrado
> poder mantenerse firme y morar en sí.

Séneca, *Epístolas morales a Lucilio*, 2.1

El flujo constante de información, entretenimiento, trabajo y redes sociales hace que nuestro sistema nervioso esté siempre en modo hiperactivo. Seguro que tu cerebro está todo el tiempo alerta, respondiendo sin cesar a amenazas y recompensas. No es de extrañar que no seas capaz de relajarte. Pero Séneca nos enseña a encontrar la paz desconectando y pasando tiempo con nosotros mismos. Así pues, si logras dejar de pisar el acelerador para conocerte mejor, entonces te vuelves profundamente consciente de tus propias sensaciones y pensamientos. Comienzas a apreciar verdaderamente tu experiencia en el mundo.

1. Silencia todos tus dispositivos electrónicos y déjalos en otra habitación. Dedica 15 minutos a estar a solas contigo. ¿Qué sientes cuando no tienes todos esos dispositivos cerca? ¿Qué hace tu mente? ¿Te gusta la experiencia?
2. Si dedicaras cada día 15 minutos a disfrutar de esa soledad, ¿qué crees que descubrirías de ti?

DÍA 13: TU DISPOSICIÓN INTERIOR

> Importa, más que el lugar, la disposición con que
> te acercas a él; de ahí que no debamos aficionar a
> nuestra alma a ningún lugar. Hay que vivir con esta
> persuasión: «No he nacido para un solo rincón; mi
> patria es todo el mundo visible».
>
> Séneca, *Epístolas morales a Lucilio*, 28.4–5

Séneca nos dice que el secreto para tener la mente tranquila y sose-gada consiste en aceptarte tal y como eres y aceptar tu situación en cada momento. Es fácil emocionarse al conocer gente, lugares y cosas nuevas. ¿A quién no le gusta la aventura? Pero si hoy no estás satisfe-cho con lo que tienes, corres el riesgo de andar siempre buscando sin encontrar alivio en nada.

1. Observa todo aquello que satisface tus necesidades y escribe cinco cosas que aprecias de tu vida actual. Puede ser algo tan sencillo como tomarte un café por la mañana.

2. ¿Estás de acuerdo con la idea de Séneca de que deberías cambiar tu disposición interior, no factores externos, si pretendes vivir con honestidad? ¿Por qué sí o por qué no?

DÍA 14: DESCUBRE TUS HABILIDADES Y TALENTOS

> Pero para determinar lo razonable y lo irracional nos servimos no solo del valor de las cosas externas, sino también del criterio de lo que está en consonancia con la dignidad personal.
>
> Epicteto, *Disertaciones*, 1.2, 7

Cada individuo posee su personalidad, una experiencia de vida propia y unas circunstancias. Esto quiere decir que todo el mundo tiene diferentes deseos y necesidades. Para Epicteto, el hecho de conocer tus aptitudes, tus preferencias y tu carácter te ayuda a mantener tu autenticidad y, al mismo tiempo, cultivar la compasión por los demás.

1. ¿Cuál es tu mejor virtud? ¿Qué le ofreces al mundo? Puede ser algo grande o pequeño. Piénsalo con honestidad. Si no se te ocurre nada, puedes preguntarle a algún familiar o a una persona de confianza para conocer su opinión.

2. ¿Qué tiene que ver el autoconocimiento con nuestras pasiones y lo que nos impulsa? Piensa en algo sobre ti que sea objetivamente cierto. ¿Cómo ha influido esta certeza en tus objetivos vitales?

DÍA 15: ¿REALMENTE ME CONOCES?

> Alguien que trata a un hombre como hombre es quien comprende las opiniones de este y, a su vez, muestra las suyas. Comprende mis opiniones, muéstrame las tuyas, y entonces di que has tratado conmigo.
>
> Epicteto, *Disertaciones*, 3.9, 12–13

Más que admirar la riqueza, los éxitos profesionales o la posición social de los demás, observa sus valores y sus elecciones. ¿Cómo trata esa persona a los demás? ¿Cómo reacciona ante la frustración? Observando sus decisiones podrás conocer a la gente con más profundidad y reflexionar sobre tus propios patrones de pensamiento.

1. Piensa en alguien a quien aprecies y respetes. Luego sáltate las capas superficiales (su aspecto físico, su edad, su profesión, etc.) y céntrate en su carácter. ¿Qué valora esa persona de la vida? ¿Qué aspectos de su carácter te resultan atractivos? ¿Qué dice de ti la afinidad que tienes con esa persona?

2. ¿Te rodeas de gente con buen carácter? ¿Qué buscas en otros seres humanos? ¿Qué tipo de personalidades te atraen y por qué?

DÍA 16: DE ENEMIGO A AMIGO

Siempre que otro te vitupere, te odie, o que profieran
palabras semejantes, penetra en sus pobres almas,
adéntrate en ellas y observa qué clase de gente son.
Sin embargo, hay que ser benevolente con ellos,
porque son, por naturaleza, tus amigos.

Marco Aurelio, *Meditaciones*, 9.27

Marco Aurelio nos recuerda que en el momento en que dejes de
depender de la opinión de los demás verás su humanidad. Si observas
las opiniones ajenas sin identificarte con ellas (es decir, si no te las
tomas como algo personal) podrás soltar ese lastre. De este modo no
permites que te afecte su negatividad y, en el mejor de los casos, dejas
espacio para comprenderlos, quizás lo suficiente como para hacer un
amigo.

1. Piensa en la última vez que te afectó la desaprobación o el
   rechazo de alguien. ¿Por qué deseabas su aprobación? Reflexiona
   sobre el carácter, los motivos y las opiniones de esa persona.
   Visto desde esta nueva perspectiva, ¿podrías librarte de esa
   opinión?
2. Redacta un diálogo entre dos personas que se hayan enfadado por
   algo. Haz una versión en la que el enfado vaya de menos a más, y
   otra en la que vaya de más a menos. Luego anota las diferencias
   que detectas en la elección de las palabras y en el tono (imagi-
   nado) en cada versión.

Atiende pues a las impresiones sensoriales, permanece despierto. Que no es cosa banal lo custodiado, sino la honestidad, la lealtad, el equilibrio, la impasibilidad, la ausencia de tristeza y de temor, la imperturbabilidad; en una palabra: la libertad. ¿A cambio de qué vas a vender esto? Mira cuánto vale.

Epicteto, *Disertaciones*, 4.3, 7–8

Los estoicos consideraban que la mente era como un santuario o una «ciudadela interior», como ellos la llamaban. Si te dejas guiar por el estoicismo verás cuán íntimamente ligadas están la autoestima con la atención: si no prestas atención a lo que dejas entrar en tu mente no te estarás protegiendo de pensamientos dañinos. ¿Qué pensamientos permites entrar en tu cabeza? Esta pregunta es la clave para desarrollar la autoestima y la libertad interior.

1. Cronometra dos minutos y observa tus pensamientos. A continuación, escribe uno o dos de ellos. El hecho de escribirlos te permitirá verlos con objetividad.
2. ¿Qué hay en tu ciudadela interior? O, mejor aún, ¿qué tipo de pensamientos permites que entren y salgan de ese «santuario» mental?

DÍA 18: EL MISMO GRADO DE PERDÓN

No estaría bien que me causara sufrimientos a
mí mismo, no habiendo causado jamás adrede
sufrimientos a otros.

Marco Aurelio, *Meditaciones*, 8.42

Marco Aurelio habla aquí de la importancia de priorizar la autocompasión. Si no eres capaz de decir algo hiriente a otra persona, ¿por qué te lo dices a ti? Para los estoicos, la equidad significa aplicar el mismo grado de perdón y paciencia tanto hacia nosotros mismos como hacia los demás.

1. Hay una importante diferencia entre tener unos valores morales elevados y exigirse demasiado: en el primer caso reconoces que existe la posibilidad de mejorar (sanación) y en el segundo estás generando una autocrítica indebida (daño). Vuelve al Día 10 y lee los mensajes compasivos que te escribiste. ¿Has sido más amable esta semana? Si no es así, ¿qué te lo ha impedido?

2. Escribe cualquier pensamiento negativo o crítico que estés experimentando en este momento. Analízalo con detalle. ¿Puedes curar alguna de esas heridas ahora mismo?

_____

_____

_____

_____

_____

_____

DÍA 19: ADIÓS A LA APROBACIÓN EXTERNA

¿Cómo voy a tener opiniones correctas cuando no me
conformo con ser quien soy, sino que estoy ansioso
por aparentar?

Epicteto, *Disertaciones*, 4.6, 24

Los estoicos opinan que es imposible ver el mundo de un modo racional cuando estamos enredados en las opiniones que los demás tienen de nosotros. Deberías desapegarte de las críticas y los elogios de otros. Porque si tu carácter y tu felicidad no dependen de las opiniones ajenas, sean estas buenas o malas, ¿por qué darles poder? Concentrarse en el propio éxito implica no buscar la aprobación o desaprobación de quienes admiramos, amamos o tememos.

1. ¿Qué pasaría si la persona a la que más admiras te rechazara? ¿Cambiaría esto de una manera radical tus deseos y aspiraciones? ¿Serías mejor o peor persona después de contar con su opinión?
2. Piensa en cinco cosas buenas que te gustaría oír sobre ti. Luego escríbelas o repítelas frente a un espejo hasta que dejes de desear escucharlas por boca de otra persona.

DÍA 20: UN MODESTO ESCAPARATE

> Trabaja, te lo ruego, Lucilio carísimo, únicamente en
> aquello que puede hacerte feliz. Arroja y pisotea esos
> objetos que brillan por fuera..., atiende al auténtico
> bien y goza de lo tuyo. ¿Qué quiere decir «lo tuyo»? Lo
> que es de ti y de tu parte más noble.
>
> Séneca, *Epístolas morales a Lucilio*, 23.6

Es difícil no esforzarse por obtener recompensas como el dinero, la fama, el poder o el prestigio, o por la comodidad de tener las cosas que se quiere poseer. Sin embargo, el estoicismo nos dice que la sabiduría, la justicia, el coraje y la templanza están siempre disponibles en nuestro modesto almacén interior de virtudes. De hecho, son cualidades infinitas. El verdadero trabajo, para los estoicos, consiste en encontrar y aprovechar la aceptación, la aprobación y el valor propios. Y para ello no se necesita ninguna tarjeta de crédito ni validación externa alguna.

1. ¿Por qué tipo de reconocimientos o recompensas has luchado en tu vida? ¿Te has sentido especialmente diferente o mejor al recibirlos? Haz la misma reflexión sobre otras grandes adquisiciones que crees que te darán la felicidad.

2. Anota los «bienes» emocionales que has recibido de otras personas, identificando las frases específicas que querías oír. ¿Puedes relacionarlas con tus emociones? ¿Has sentido alguna vez la falta de estas emociones en tu vida?

DÍA 21: MANTENTE EN EL CAMINO

No te disgustes, ni desfallezcas ni te impacientes si no logras hacerlo todo según tus principios; antes bien, cuando fracases, reemprende la tarea con renovado ímpetu y date por satisfecho si la mayoría de tus acciones son bastante más humanas, y ama aquello a lo que de nuevo encaminas tus pasos.

Marco Aurelio, *Meditaciones*, 5.9

Los estoicos nunca dijeron que la excelencia interna fuera fácil. Si has elegido seguir el camino de la virtud, es decir, de la grandeza del espíritu, la elevación de la mente y una vida más intencional, entonces estás intentando alcanzar el máximo potencial de la naturaleza humana. Según Marco Aurelio, se trata de un proyecto de toda una vida que no hay que abandonar aunque el camino sea largo y sinuoso. A veces no podrás alcanzar tus nobles objetivos, pero serás mejor persona por haberlo intentado. En otras palabras: es humano cometer errores; lo importante es mantenerse en el camino.

1. Apunta tu principal objetivo ahora mismo. ¿Podrías darle un nombre a ese camino? Imagínate que la ruta es un tronco de árbol con ramas que te alejan de su centro. ¿Qué ramas te apartan de tu objetivo? Anótalas. Esto te ayudará a trazar el camino.

2. Recuerda la última vez que fuiste débil desde el punto de vista moral, y anota tus reflexiones al respecto. ¿Qué aprendiste de ello? ¿Podrías sacar algo positivo de ese presunto fracaso?

DÍA 22: DESCUBRE TU TALENTO

> Debes decidir si tu temperamento encaja mejor en
> las acciones enérgicas o en la especulación y en la
> contemplación serena, y adoptar entonces aquello por
> lo que se incline tu genio.
>
> Séneca, *Sobre la tranquilidad del alma*, 7.2

Los estoicos nos instan a trabajar con nuestros talentos, y no en su contra. Reconocen que la naturaleza nos dota mejor para algunos roles que para otros. Si bien el espíritu de superación es una herramienta valiosa («todavía no sé hacer esto»), también es cierto que los humanos mostramos muchos «talentos» diferentes. Habrá momentos en los que tendrás que estudiar un tema, hacer un trabajo o cumplir con alguna obligación que vaya en contra de tus inclinaciones naturales, pero los estoicos dicen que, si podemos elegir, tenemos que dedicar nuestra energía a aquello que encaje con nuestras propias aptitudes.

1. El Día 14 escribiste sobre tu carácter, tu personalidad y tus talentos. Basándote en tu autoconocimiento, identifica una o dos maneras de incorporar tus talentos a tu vida en este momento. ¿Cómo es posible hallar la plenitud gracias a tus dones naturales?

2. Si estás pensando en emprender un gran cambio profesional o te planteas tomar una decisión crucial en tu vida, ¿cuáles de tus cualidades y preferencias influirán en esta decisión? ¿Cómo incorporarás tus dones naturales a una vida plena y satisfactoria?

El estilo de vida estoico

DÍA 23: ENCIENDE TU LLAMA INTERIOR

Igual que una llama flamea en línea recta y no puede encerrarse o inclinarse hacia abajo ni estar inactiva, así también nuestra alma está siempre en movimiento y, cuanto más ardorosa es, tanto mayor es su movimiento y su actividad. Feliz, no obstante, es la persona cuyo impulso la ha consagrado a los mejores ideales.

Séneca, *Epístolas morales a Lucilio*, 39.3

¿Qué te inspira? ¿La buena música, la lectura, las conversaciones con tus amistades? Reflexiona sobre las cosas que «avivan» tu llama interior y mantienen tu espíritu resplandeciente. Identifica las actividades que dan alegría y sentido a tu vida, y busca la manera de incorporarlas a ella. Reaviva tu fuego interno dirigiendo esa energía hacia lo que te provoca un entusiasmo desenfrenado.

1. Recuerda los momentos en los que te hayas sentido más vivo, en los que hayas notado más sintonía contigo y con tu entorno. ¿Qué estabas haciendo? Escribe al menos tres actividades que reavivan tu fuego interior. ¿Cómo puedes incorporar más de ellas a tu vida actual?

2. Escribe una carta a tu héroe de la infancia. (No te preocupes, no llegarás a enviarla). Cuéntale qué te ha dado más alegría en cada década de tu vida. No pienses demasiado en las posibles respuestas, escribe lo primero que se te ocurra. Luego vuelve a leer la carta. ¿Ves algún elemento común?

DÍA 24: SUSTITUYE LOS LAMENTOS POR LA PRODUCTIVIDAD

> ¿Qué me perturbará, o me preocupará o me parecerá doloroso? ¿Es que no voy a emplear mi capacidad para lo que la recibí, sino que voy a padecer y angustiarme por lo que suceda?
> —Sí, pero tengo mocos.
> ¿Y para qué tienes manos? ¿No será para limpiarte?... ¡Sería mucho mejor que te limpiaras en vez de andar quejándote!
>
> Epicteto, *Disertaciones*, 1.6, 28–32

Todo el mundo posee cierta tendencia a lamentarse, pero también todo el mundo pasa apuros en la vida, y está claro que los lamentos nunca ayudan. Los estoicos creen que en lugar de lamentarnos por nuestra situación sería mucho más productivo considerar los recursos y herramientas que tenemos a nuestro alcance para solventar el problema. ¿Cómo sería solucionar una dificultad de una forma creativa? ¿Qué pasaría si sustituyeras la queja por la acción y la productividad?

1. ¿Te has autocompadecido alguna vez en los últimos tres días? Escribe los motivos. ¿Podrías relacionarlo con un hábito o circunstancia específicos? Apunta los recursos de que dispones (incluyendo personas, conocimientos y habilidades) para tratar con aquello de lo que te has quejado.

2. Describe un problema que tengas. Ahora enumera cinco aspectos, relacionados con él, que estén fuera de tu control, y cinco que puedas controlar. Escribe lo que sientes al identificar aquello que puedes y no puedes controlar. ¿A cuáles de esos aspectos les dedicarás más energía?

Cuando veo a un individuo angustiado, me digo: «¿Qué querrá este? Si no quisiera algo que no dependiera de él, ¿cómo iba a estar angustiado?». Por esto el que toca la cítara no se angustia cuando canta solo, pero sí al entrar en el teatro, aunque tenga una bonita voz y toque la cítara a la perfección; porque no solo quiere cantar bien, sino también ganarse el aplauso del público, y eso ya no depende de él.

Epicteto, *Disertaciones*, 2.13, 1–2

El impulso de ganarse el afecto ajeno puede ser tan intenso que llegue a angustiar. Cuando te preocupas por lo que los demás opinan sobre tu trabajo, tus acciones o sobre ti, estás cediendo tu poder. También despojas tus acciones de la alegría al concentrarte más en los resultados que en la propia acción. Para los estoicos, el único aplauso que importa es el que nos damos en silencio a nosotros mismos.

1. Piensa en una ocasión en la que hayas necesitado la aprobación de otras personas. ¿Qué situación era? ¿Por qué aspirabas a obtener sus elogios? Escribe ahora una breve nota para ti, otorgándote esa aprobación que anhelabas. La clave está en redactarla en primera persona, con tu propia voz.

2. Enumera tres cosas que te gustaría aprender o probar, pero que no hayas hecho por miedo al fracaso o a hacerlo mal. A continuación, imagínate haciendo esas cosas mal, pero disfrutando mucho en el proceso. Al eliminar el factor rendimiento de estas actividades, ¿las has deseado más o menos?

DÍA 26: EL ANTÍDOTO CONTRA LA ANSIEDAD

Que no te inquiete el futuro; pues irás a su encuentro, de ser preciso, armado con la misma razón de que te sirves ahora en los asuntos presentes.

Marco Aurelio, *Meditaciones*, 7.8

Hay veces en que la mente cae en la trampa de la preocupación sobre posibles escenarios futuros. Para los estoicos, la mejor manera de minimizar la preocupación sobre lo venidero tiene dos partes: (1) mantenerse enraizado en el presente, y (2) confiar en que nuestros recursos internos, nuestra mente y carácter, serán suficientes para enfrentar las dificultades futuras. Marco Aurelio nos recuerda que, aunque no podemos controlar el futuro, sí tenemos la capacidad de aplicar nuestras cualidades a lo predecible e imprevisto. Un antídoto contra la angustia es confiar en nosotros mismos.

1. Observa a tu alrededor y enumera tres objetos inmóviles que veas en tu entorno inmediato. Concéntrate en estos objetos. ¿Qué te dicen acerca de dónde te encuentras? ¿Cómo te sientes cuando reconoces tu propia quietud?

2. ¿Qué recursos internos posees para enfrentar las dificultades? Escribe cómo los has utilizado para enfrentarte a otros retos en el pasado.

DÍA 27: SIMPLIFICA LAS COSAS

> Hay que avezarse, además, a tener solo ideas tales
> que si alguien de repente te preguntase de forma
> brusca: «¿En qué piensas ahora?», pudieras responder
> al instante, con toda franqueza: «En esto» o «En
> aquello». Se dejará ver entonces, pronto y de manera
> evidente, que todo lo tuyo es simple, bondadoso.
>
> Marco Aurelio, *Meditaciones*, 3.4

Marco Aurelio describe una simplicidad interior que retiene nada
más que los pensamientos que enriquecen y mejoran el carácter de la
persona, mientras que elimina las que provocan un desorden mental
no saludable. Si notas que un pensamiento o hábito mental te aleja
de la excelencia y el crecimiento, elimínalo. Purgar los valores y los
hábitos mentales que no te ayudan a florecer es uno de los secretos del
estoicismo para alcanzar la serenidad interior.

1. ¿Qué significa para ti la «simplicidad interior»? Describe tu estado
   mental cuando estás en paz. ¿En qué piensas y en qué no piensas?
   ¿Dónde te encuentras físicamente? Describe qué podrías hacer
   para cultivar este estado mental simple y bondadoso.
2. Enumera tres o cuatro temas a los que regresa tu mente cuando
   está divagando. ¿Sientes preocupación? ¿Enfado? ¿Ansiedad por
   no ser excelente? Cada vez que identifiques un aspecto emocional
   negativo, escribe una respuesta estimulante para combatirlo.

DÍA 28: SÉ FIEL A TU RELATO

¿Sabes a quién llamo «bueno»? Al que es perfecto, cabal, al que ni violencia ni necesidad alguna pueden hacerle malo. Así vaticino que serás tú, si con perseverancia y aplicación lograses que todos tus actos y palabras se ordenasen y correspondieran mutuamente, y quedasen acuñados con la misma marca. No está en el recto camino el alma de aquel cuyas acciones no concuerdan.

Séneca, *Epístolas morales a Lucilio*, 34.3–4

Séneca nos recuerda que vivir una vida estoica implica que las acciones concuerden con los propios valores y principios, y actuar de acuerdo a tus virtudes. Es dirigiendo pensamientos y acciones hacia los objetivos que concuerdan con las propias virtudes como se crea la armonía interior, tan necesaria para autoenriquecerse y para enriquecer a quienes nos rodean.

1. Vuelve al Día 5 y revisa los objetivos generales de tu vida. A día de hoy, ¿reflejaron tus pensamientos y acciones estos objetivos? Escribe ejemplos específicos de acciones que te hayan ayudado a mantenerte en el camino correcto o te hayan alejado de él.
2. Elige uno o dos objetivos. Explica cómo trabajarás hacia tu objetivo esta semana, este mes y durante el resto del año.

> Y en verdad nada nos envuelve en mayores males que
> acomodarnos al rumor, persuadidos de que lo mejor es
> lo admitido por el asentimiento de muchos, tener por
> buenos los ejemplos numerosos y no vivir de manera
> racional, sino por imitación.

> Séneca, *De la felicidad*, 1.3

Séneca nos dice que la sumisión a la opinión pública, sin la debida diligencia, reflexión y análisis, supone vivir una vida falsa. En cambio, para experimentar una vida interior rica tenemos que llegar a nuestras propias conclusiones, seguir actuando como aprendices curiosos de esta preciosa vida y hacer de la búsqueda del entendimiento nuestro ritual diario.

1. Elige uno de tus principales valores y examínalo a conciencia. ¿Cómo lo adquiriste? ¿Fueron otras personas o acontecimientos los que te llevaron a él? ¿Tu entorno cultural fomenta o desalienta este valor? ¿Se corresponde con tu visión de lo que quieres ser ahora?

2. Menciona algo que siempre hayas querido hacer, pero que no hayas hecho por miedo a lo que otros piensen. Si te cuesta responder, escribe lo primero que se te ocurra. ¿Qué acción podrías emprender hoy mismo para vivir más de acuerdo con tus pasiones y libre de temor al juicio? Piénsalo: al fin y al cabo, se trata de tu vida.

DÍA 30: LOS RESULTADOS NECESITAN TIEMPO

> Nada importante se produce de pronto, ni siquiera
> la uva o el higo. Si ahora me dijeras: «Quiero tener
> un higo», te responderé: «Hace falta tiempo». Deja
> primero que florezca, luego que dé fruto, luego que
> madure el fruto. Aunque el fruto de la higuera no esté
> en su punto de inmediato, ¿sigues queriendo obtener
> el fruto del pensamiento humano en tan poco tiempo y
> con tanta facilidad?
>
> Epicteto, *Disertaciones*, 1.15, 7–8

Todo el mundo quiere resultados inmediatos, pero, como dice
Epicteto en su carta, es fundamental ser paciente en este viaje difícil
aunque importante. Así que practica de forma constante, recurre a tus
fuentes y a ti. De este modo, a pesar de la sequía y de otros obstáculos
imprevistos, cosecharás higos en abundancia.

1. Lee lo que escribiste el Día 1. ¿Has notado algún progreso o
   mejora en las tres áreas que identificaste para cambiar? Anota
   cualquier avance que hayas percibido.

2. Describe alguna situación en la que hayas tenido que armarte
   de paciencia. ¿Valió la pena? ¿Cómo controlaste tus emociones?
   Escribe tres cosas que te mantienen centrado cuando surgen en ti
   la intranquilidad o la impaciencia.

CURSO B

EL CAMINO HACIA LA ACEPTACIÓN

Durante los primeros 30 días hemos hecho hincapié en la relevancia de tener más autocompasión, de aprovechar tus recursos internos y de confiar más en ti. En el curso B profundizarás en tu aceptación y en encontrar la paz con tu entorno. Descubrirás técnicas y herramientas mentales para enfrentarte a los desafíos de la vida con sabiduría y cultivando la gratitud por el presente. En los próximos 30 días, el objetivo principal es desarrollar mayor proactividad, resiliencia y disposición para comprometerse con el mundo.

DÍA 31: NO HAY MEJOR MOMENTO QUE EL MOMENTO PRESENTE

El desperdicio mayor de la vida es la dilación: ella anula cada día que se va presentando, ella escamotea lo presente en tanto que promete lo de más allá. El mayor estorbo del vivir es la expectativa que depende del mañana y pierde lo de hoy... ¿Adónde miras? Todo lo que está por venir es incierto: vive ahora.

Séneca, *De la brevedad de la vida*, 9.1

¿Cuál es la peor amenaza contra el presente? Aplazar las cosas hasta mañana o, peor aún, esperar que mejoren por arte de magia. Séneca nos recuerda que no hay mejor momento que el presente para abordar aquello que queremos enfrentar o lograr. Si bien el tiempo es incierto, nuestra acción en el momento presente es algo en lo que sí podemos confiar.

1. Describe un día de tu vida en el que te hayas sentido del todo presente de principio a fin de la jornada. Detalla tu experiencia incluyendo tus emociones y tu estado mental.
2. ¿Qué oportunidades se te presentan en este momento? Identifica una que puedas aprovechar ahora mismo.

DÍA 32: CAMBIA DE MENTALIDAD

> Hoy me he librado de toda circunstancia difícil; mejor dicho, eché fuera de mí todo engorro, porque este no estaba fuera de mí, sino dentro, en mis opiniones.
>
> Marco Aurelio, *Meditaciones*, 9.13

Marco Aurelio nos enseña que cuando cambiamos de opinión modificamos toda nuestra manera de pensar. Usando esta enseñanza, puedes cambiar la opinión sobre lo que te ocurre en la vida, y así ciertas personas o situaciones que te parecían molestas pueden volverse neutras o incluso positivas. El objeto no ha cambiado; tu perspectiva sí.

1. Describe alguna situación en la que hayas cambiado de opinión sobre una persona, un objeto o una situación. ¿Se ha modificado el objeto en sí, o más bien has aprendido a mirarlo desde otra perspectiva?

2. Identifica alguien o algo en tu vida que te desagrade profundamente. ¿Podrías cambiar tu opinión al respecto? ¿Cómo sería tu vida si consiguieras que te gustara (o por lo menos que fuera una relación neutral) esa persona o cosa?

_____

_____

_____

_____

_____

_____

_____

DÍA 33: ¿REACCIONAR O NO REACCIONAR?

> En cuanto a todas las cosas que existen en el mundo, unas dependen de nosotros, otras no dependen de nosotros. De nosotros dependen: nuestras opiniones, nuestros movimientos, nuestros deseos, nuestras inclinaciones, nuestras aversiones; en una palabra, todas nuestras acciones.
>
> Epicteto, *Manual*, 1.1

Epicteto nos recuerda que, aunque no es posible controlar todo lo que ocurre a nuestro alrededor, sí posees el control sobre tus opiniones, decisiones y acciones en respuesta a los estímulos externos. A veces lo único que podemos hacer es intentar crear un espacio entre uno mismo y la situación, y adaptar nuestra actitud en consecuencia. Esto no quiere decir que no tengas poder, más bien al contrario: reconocer lo que puedes controlar es la forma máxima de libertad.

1. Recuerda la última vez que te enfadaste. ¿Cuál fue la causa de tus sentimientos? ¿Qué factores estuvieron fuera de tu control? Ahora analiza la situación desde un ángulo diferente: ¿qué *podrías* haber controlado? ¿Qué parte de la situación dependía de ti?

2. Describe alguna situación en la que hayas dado una respuesta muy emocional a algo. ¿Te contuviste o soltaste tu rabia? Anota cómo habría sido una reacción inmediata y una reacción reflexiva. ¿Cuál de ellas se alinea más con tus valores?

DÍA 34: CONTROLA EL DESEO DE CONSUMIR

> No está en nuestro poder tener todo lo que deseamos;
> tenemos el poder cuando no deseamos lo que no
> tenemos, pero utilizamos, felices, lo que tenemos.

> Séneca, *Epístolas morales a Lucilio*, 123.3

Todo el mundo desearía tener cosas que no tiene. El problema es que cuando empezamos a relacionar la propia felicidad con tener «más» de algo nunca llegamos a alcanzar una satisfacción plena con lo que poseemos; una vez satisfechos nuestros deseos, queremos ir más allá, a la siguiente cosa, en un ciclo interminable (y caro) de consumo. Una estrategia sabia para Séneca consiste en aprender a ser feliz con lo que se tiene, sean cosas tangibles o intangibles como, por ejemplo, la generosidad y la amabilidad.

1. Elabora una lista de diez cosas intangibles por las que sientas agradecimiento. Añade otras diez tangibles, que puedas ver o tocar. (Observa la lista: ¿al enfocarte en estos elementos sientes gratitud o te inspira a desear más?).

2. Escribe tres cosas para celebrar en tu vida en este momento. Explica por qué las aprecias.

_____

_____

_____

_____

_____

_____

> Siempre que tropieces con la desvergüenza de alguien,
> de inmediato pregúntate: «¿Puede en realidad dejar
> de haber gente desvergonzada en el mundo?». No es
> posible. No pidas, pues, imposibles.
>
> Marco Aurelio, *Meditaciones*, 9.42

Tratar con personas y situaciones que no son óptimas es una parte inevitable de la vida. Para los estoicos la clave está en concentrarse menos en lo externo (la persona o la situación) y más en lo interno (nuestra propia respuesta). Marco Aurelio nos dice que la respuesta está bajo nuestro control (así, por ejemplo, es posible que lo molesto se vuelva más tolerable). Parte del proceso de dar forma a tus acciones futuras implica conocer tu relación con los estímulos y las respuestas.

1. Piensa en alguien que te haya importunado alguna vez. ¿Qué desencadenó tu emoción negativa? Enumera tres acciones o comportamientos específicos en este sentido.

2. Escribe tres posibles respuestas a cada uno de los siguientes estímulos: uno negativo, uno neutro y uno muy positivo. (Es difícil, pero con un poco de imaginación podrás pensar en una respuesta positiva ante una persona difícil). El reto consiste en seleccionar una de esas respuestas para usarla la próxima vez que te encuentres con ese estímulo. ¿Por qué crees que dar esa respuesta concreta te beneficiará?

DÍA 36: RESPETA LAS OPINIONES CONTRARIAS

> Los hombres han nacido los unos para los otros.
> Instrúyelos o sopórtalos.

> Marco Aurelio, *Meditaciones*, 8.59

Parece difícil tratar con las personas que no comparten tus valores, pero los estoicos creían que todo el mundo se merece un respeto, aunque creas que se equivocan. Tu misión no es enfadarte con esas personas, sino ser su ejemplo. La sabiduría estoica nos insta a tener presentes estos dos puntos: primero, nadie comete errores a propósito, sino que creen que están haciendo lo correcto. Segundo, puedes seguir siendo feliz a pesar de lo que hagan los demás. En otras palabras, es posible responder a otras personas de una manera constructiva, animándolas a replantearse sus acciones y respetándolas al mismo tiempo.

1. Piensa en alguien con quien te cueste tener una buena relación. ¿Cree esa persona que está haciendo lo correcto? Describe la situación *desde el punto de vista de la otra persona*. En este caso, ¿intentarás instruirla o serás tolerante? Explica cómo lo harás.

2. ¿Tiene el carácter de otra persona algún impacto en tu propio carácter? Justifica por qué sí o por qué no.

DÍA 37: EL ARTE DE PREPARARSE

> Cualquiera afronta con valentía un peligro para el que lleva tiempo preparándose y supera las dificultades si antes ha practicado cómo superarlas. Y, al contrario, los que no están preparados sienten pánico incluso ante las cosas más insignificantes. Debemos procurar que no nos sobrevenga nada imprevisto.
>
> Séneca, *Epístolas morales a Lucilio*, 107.4

Para Séneca, una de las formas más efectivas de tratar las dificultades consiste en prepararse para ellas. Pero ¿cómo se puede hacer? La «premeditación de la adversidad» es una técnica antigua que te puede ayudar a prepararte para los desafíos. Visualizas el resultado que más temes y luego imaginas cómo lidiarías con ese resultado. Si el evento llega a suceder, tendrás un plan de acción listo. Y si nunca ocurre, puedes estar agradecido y seguir adelante.

1. Identifica un problema que tengas ahora mismo. ¿Qué te preocupa más de él? Imagínate que justo eso se hiciera realidad. ¿Cómo responderías? Da una respuesta lo más clara y específica posible. ¿Qué pensarías, qué dirías y qué harías?
2. El hecho de contar con esa preparación ¿te ayudará a ser más valiente en el momento adecuado? Escribe sobre la relación, si la hay, entre la preparación y el coraje.

DÍA 38: DESARROLLA BUENOS HÁBITOS

Por tanto, en general, si quieres hacer algo, hazlo de forma habitual. Si quieres dejar de hacer algo, no lo hagas, pero acostúmbrate a hacer otra cosa. Así pasa también con lo anímico. Cuando te irrites, sé consciente de que no solo te ha pasado esa cosa mala, sino que además has acrecentado el hábito y que eso es como haber echado leña al fuego.

Epicteto, *Disertaciones*, 2.18, 4–5

Los antiguos estoicos conocían el poder de los hábitos. Si dejas que tu mente esté siempre pensando en lo negativo (por ejemplo, no quieres ir a trabajar), estás creando un hábito mental (de insatisfacción en este caso). ¿Dirigirás tus pensamientos hacia la sabiduría y la excelencia o hacia el juicio erróneo y la insatisfacción?

1. Piensa en un hábito mental que te gustaría cambiar porque es perjudicial para ti. ¿Qué suele provocarlo?
2. Cuando te venga a la mente un hábito dañino, ¿en qué otra cosa podrías pensar? Intenta concentrarte en un mantra, una virtud o un objetivo positivo (como la serenidad y la felicidad). Procura llevar un registro para ver tus progresos durante la próxima semana.

DÍA 39: UTILIZA TUS RECURSOS

> Arrima tú la razón a las dificultades, y verás como con
> ella se ablandan las cosas ásperas, se ensanchan las
> angostas, oprimiendo menos las graves a los que con
> valor las sufren.
>
> Séneca, *Sobre la tranquilidad del alma*, 10.4

Los estoicos nos piden que examinemos nuestros recursos, habilidades, experiencia, estado de ánimo y fuerza de carácter para enfrentarnos a las adversidades. Si bien no tienes la capacidad de cambiar la naturaleza del mundo, sí puedes aprender a cambiar tu punto de vista y enfrentarlo de una manera efectiva. Cuando surja una situación difícil, ¿dejarás que la ira y la frustración se apoderen de ti? ¿O serás capaz de recordar que las dificultades forman parte de la vida?

1. Identifica un problema al que te estés enfrentando ahora mismo. ¿Qué cosas de esta situación puedes cambiar? ¿Cuáles no? Enumera cinco recursos (internos y externos) que posees para enfrentarte de una manera eficaz a este problema.

2. Lee de nuevo la frase de Séneca y piensa en una manera de «ablandar las cosas ásperas», otra manera de «ensanchar lo que es angosto» y otra de «hacer que las cosas graves opriman menos», aplicadas a tu vida.

DÍA 40: ACEPTA EL CAMBIO CONSTANTE

Uva verde, uva madura, uva pasa. Todo es transformación, no hacia el no ser, sino hacia lo que todavía no es.

Marco Aurelio, *Meditaciones*, 11.35

El cambio es simplemente una transición de un estado a otro. Los estoicos nos instan a abrazar el cambio como algo natural de la vida, en vez de resistirnos. Si aprendes a experimentar el cambio como una transición hacia algo nuevo y no como una ruptura, aceptarás serenamente hasta los retos más difíciles, como el envejecimiento, la enfermedad y la pérdida.

1. Mira hacia atrás, en el último año, y escribe por lo menos dos cambios que hayan supuesto un gran impacto en tu vida. ¿Cómo reaccionaste a ellos?

2. Describe una transición importante que hayas experimentado en tu vida. Intenta hacerlo de manera objetiva, como si fueras un científico redactando los resultados de un experimento.

El estilo de vida estoico

DÍA 41: VIVIR EN CONDICIONES DIFÍCILES

> Es sólido y fuerte el árbol al que el viento azota con frecuencia, pues la misma violencia le fortifica y fija las raíces con más fuerza; son frágiles los que han crecido en un valle abrigado.
>
> Séneca, *Sobre la providencia*, 4.16

Séneca nos recuerda que, si bien es cierto que las condiciones difíciles no son las ideales, sí son un camino para aprender nuevas habilidades, desarrollar confianza y adquirir autoconfianza. Así pues, de la misma manera que las condiciones duras fortalecen a los árboles, también las situaciones adversas fortalecen el espíritu humano, y nos ayudan a desarrollar determinación y resiliencia. Cuando cambias tu perspectiva sobre la adversidad, tu vida cambia también.

1. Identifica un gran desafío al que te hayas tenido que enfrentar en tu vida. ¿Cuál fue la peor parte? Ahora cambia de perspectiva: ¿cómo reforzó tu carácter? ¿Reescribirías la historia si pudieras?
2. Descríbete como si fueras un árbol. ¿Tienes raíces y ramas fuertes? ¿Qué las ha hecho así? ¿Qué son capaces de resistir? ¿Hay partes frágiles que te gustaría fortalecer?

DÍA 42: LO BUENO QUE HAY EN TI

En esto consiste la tarea principal de la vida.
Distingue las cosas, ponlas por separado y di: «Lo
exterior no depende de mí, mi libertad individual
depende de mí. ¿Dónde buscaré el bien y el mal? En mi
interior, en mis cosas».

Epicteto, *Disertaciones*, 2.5, 4–5

Los estoicos hacen hincapié en dejar a un lado las circunstancias
externas que no se pueden controlar y concentrarse en las cosas propias. Epicteto nos muestra que las elecciones que hacemos están arraigadas en nuestro propio carácter que a su vez se va moldeando con
nuestras elecciones. Tu manera de ver el mundo es, en gran medida,
el resultado de lo que hay en tu interior y tiene que ver con tu capacidad de crecer desde el punto de vista moral.

1. Describe alguna situación en la que hayas tenido que tomar una
   decisión moral. ¿Cuál era la situación externa? ¿Qué cosas podías
   controlar y cuáles no?
2. Nombra algo que admires de tu manera de ver el mundo. ¿Hay
   algo de él que suelas ver con negatividad? ¿Qué podrías hacer
   para que lo negativo estuviera más cerca de lo que admiras?

DÍA 43: LA INTENCIÓN ES LO QUE CUENTA

Finalmente, en toda actividad el sabio atiende a la intención, no al resultado. Los comienzos están en nuestro poder; el resultado lo decide la fortuna, a la que no le permito que pronuncie sentencia acerca de mí.

Séneca, *Epístolas morales a Lucilio*, 14.16

Aunque no tenemos control sobre el resultado de nuestras acciones, Séneca nos recuerda que sí tenemos control sobre nuestra intención. Tus decisiones morales se encuentran en el nivel de tus intenciones, ¿qué quieres aportar al mundo? Los estoicos se enfocan en el proceso más que en el resultado.

1. Piensa en un obstáculo personal que te gustaría superar escribiendo las intenciones que planeas aplicar a este problema. Ahora dibuja dos columnas: en la A escribe los factores que controlas (intención) y en la B los que no puedes decidir (resultado). ¿A qué columna pertenecen tus intenciones?

2. Describe la relación entre el discernimiento (o sabiduría) y la fortuna. ¿Cómo se relacionan? ¿Hay tensión entre ambos?

> En consecuencia, haber investigado la vida humana durante cuarenta años o durante diez mil da lo mismo. Pues ¿qué más verás?
>
> Marco Aurelio, *Meditaciones*, 7.49

Nacimientos, bodas, muertes, amor, pena, alegría, pérdidas, descubrimientos... Los detalles serán diferentes, pero la vida humana sigue un patrón universal. Los estoicos nos dicen que hay que buscar la belleza en estos grandes ritmos de la vida, y nos recuerdan que se debe sentir orgullo por formar parte de esta inmensa y magnífica historia cósmica.

1. ¿En qué se parece tu vida a la de una persona del pasado? Compárate con algún antepasado de tu familia o con un personaje imaginario de algún periodo de la Antigüedad. ¿Cómo te ayuda a comprender mejor tu vida en el presente expandir tu mente hacia generaciones pasadas?

2. ¿Qué aspectos de la vida actual crees que serán iguales dentro de cien años?

DÍA 45: ENFRÉNTATE A LA SOLEDAD O A LA MUCHEDUMBRE

> Pero si las cosas vienen de tal modo que hayas de vivir solo o con unos pocos, llámalo tranquilidad y úsalo para lo que se debe: habla contigo mismo, ejercita tus impresiones, desarrolla las preconcepciones. Y si vas a parar a la muchedumbre llámalo competición, procesión, fiesta; intenta celebrar la fiesta junto con los hombres.
>
> Epicteto, *Disertaciones*, 4.4, 26–27

Los estoicos nos enseñan que sin importar con quién se esté y dónde, siempre hay que apreciar el estado de nuestras vidas. Seas de naturaleza introvertida o extrovertida, disfruta de tu situación y de tus acompañantes, tanto si estás a solas como si te encuentras en medio de una muchedumbre.

1. ¿Qué actividades te gusta hacer en soledad, y sientes que te benefician? ¿Qué podrías hacer para conocerte mejor?

2. En pequeños grupos de gente, ¿qué puedes hacer para desarrollar lazos más fuertes con otras personas? ¿Y para conocer su personalidad? Si no te gustan las multitudes, escribe qué harás para disfrutar de la próxima reunión a la que vayas. ¿Podrías gozar pensando en el propósito común que une al grupo o en las historias individuales de quienes lo forman?

> ¿Te impide este suceso ser justo, magnánimo, sensato, prudente, reflexivo, sincero, discreto, libre, etc., conjunto de virtudes con las cuales la naturaleza humana contiene lo que le es peculiar? Acuérdate, a partir de ahora, en todo suceso que te induzca a la aflicción, de usar este principio: no es eso un infortunio, sino una dicha soportarlo con dignidad.
>
> Marco Aurelio, *Meditaciones*, 4.49

Todo el mundo se enfrenta al dolor, a la frustración, al desamor y a la adversidad en ocasiones. Los estoicos nos animan a agradecer el hecho de tener lo necesario para superarlos, en vez de maldecir la propia suerte. Con entrenamiento serás capaz de aprender a enfrentarte a estos retos con sabiduría e integridad, conservando tu bondad a pesar de los infortunios.

1. Define la palabra «dificultad» a un niño o niña de 5 años, y luego a alguien de 20, de 50 y de 100 años. ¿Qué diferencias has notado, si es que has notado alguna? ¿Qué te dicen estas diferencias sobre los infortunios y el paso del tiempo?

2. Para Marco Aurelio, enfrentar los infortunios con dignidad es una dicha. Describe alguna situación en la que hayas experimentado algo gratificante en medio de una tragedia o una pena.

DÍA 47: ¿QUÉ ASA AGARRARÁS?

Cada cosa tiene dos asas: una por la que es llevadera y otra por la que no lo es. Si tu hermano te hace injusticia, no lo tomes por el lado de la injusticia que él te hace, pues es el asa por donde la cosa no es llevadera; pero si lo tomas por el otro lado, por el de que él es tu hermano, un hombre que fue criado y alimentado junto a ti, entonces lo tomarás (el asunto) por el buen lado, el que te lo tornará soportable.

Epicteto, *Manual*, 43

Epicteto nos habla de la importancia de tener una perspectiva adecuada y de la acción responsable. (¡Hay más de una forma de ver cada situación!). Tú eliges no solo cómo manejar una situación, sino también cómo *percibir* la manera en la que el otro debería enfocar su responsabilidad. Aunque puedas discernir si algo es justo o injusto, ¿puedes optar por la compasión, incluso cuando la otra persona esté agarrando el asa equivocada?

1. Piensa en algún momento de los últimos días en que hayas sentido tristeza, frustración o enojo con alguien y hayas reaccionado de manera negativa. Ahora dibuja una taza con dos asas: representará ese momento en que alguien te ha molestado en los últimos días. Junto al asa izquierda de la taza escribe las acciones de la otra persona y tus sentimientos respecto a ellas. Junto al asa derecha escribe los vínculos o conexiones que tienes con esa persona y qué valores compartís.

2. Describe alguna situación en la que «se te cayó la taza» por enfocarte demasiado en agarrar el asa equivocada.

DÍA 48: VIVE DANDO EJEMPLO

Sócrates recordaba con sobrada seguridad que nadie es dueño del regente ajeno ... Ocupándose ellos de lo suyo como les pareciera, se mantuviera y viviera no menos conforme a la naturaleza, haciendo nada más que lo suyo para que también aquellos actuaran conforme a la naturaleza.

Epicteto, *Disertaciones*, 4.5, 4–5

Epicteto nos dice que no es posible tener el control sobre los demás. Sí influir en ellos, pero no controlar sus pensamientos y conductas. Si eres capaz de aceptar los límites de tu influencia, les demostrarás que vivir en armonía con la naturaleza puede conducir a la felicidad (vivir en armonía con la naturaleza es la terminología que emplean los estoicos para referirse a vivir de un modo virtuoso).

1. ¿Estás de acuerdo con Epicteto en que deberías pensar más en términos de influencia positiva en lugar de control sobre los demás? ¿Cómo darás ejemplo a otras personas?
2. Piensa en alguna ocasión en la que alguien te haya obligado a hacer algo. ¿Cómo te sentiste? ¿Cuánto control tuvo sobre ti? ¿Qué aprendiste de la experiencia?

DÍA 49: ¿Y SI NO ESTUVIERAN PRESENTES?

No imagines las cosas ausentes como ya presentes;
antes bien, selecciona entre las presentes las más
favorables y, a la vista de esto, recuerda cómo las
buscarías si no estuvieran presentes.

Marco Aurelio, *Meditaciones*, 7.27

Hoy en día se habla mucho de la gratitud, pero Marco Aurelio nos
ofrece una de las estrategias más antiguas y efectivas para expresar el
agradecimiento. Piensa en personas, lugares y cosas que son tus favoritos. Ahora imagina que nunca los hubieses tenido. ¿Cuánto desearías
tenerlas contigo?

1. Haz una lista de diez cosas (como mínimo) de las que no puedas
   plantearte prescindir: pueden ser tanto personas como oportunidades y acontecimientos. Ahora haz un sacrificio imaginario y
   tacha tres cosas de la lista. ¿Cómo cambia tu relación con ellas
   después de haberlas «perdido»?
2. Nombra a la persona más influyente en tu vida. (No puede ser un
   familiar cercano). Escribe cómo sería tu vida si esa persona nunca
   hubiera formado parte de ella.

El estilo de vida estoico

DÍA 50: TRAGA ALGO DE POLVO

> El programa de la vida es el mismo que el de un
> balneario, el de una muchedumbre o el de un viaje: a
> veces te tiran cosas y a veces te golpean por accidente.
> La vida no es un delicioso negocio.
>
> Séneca, *Epístolas morales a Lucilio*, 107.2

Séneca nos recuerda que forma parte de la vida el hecho que de vez en
cuando no queda otra que tragar polvo. Así, de la misma manera que
no debes esperar que la vida sea siempre un drama, tampoco deberías
sorprenderte cuando alguien te echa tierra a la cara. La resiliencia
consiste en limpiarte la suciedad y seguir tu camino con sentido del
humor.

1. Describe alguna situación en la que hayas sentido que te hundías
   en el barro. ¿Cuál fue tu reacción? ¿Cambiarías algo de tu perspectiva? ¿Hubo algo gracioso en ese momento?
2. Describe algún accidente desafortunado que hayas sufrido.
   ¿Qué sentiste? ¿Qué recursos internos usaste para controlar la
   situación? ¿Qué pensaste una vez controlada?

_____

_____

_____

_____

_____

_____

_____

El estilo de vida estoico

DÍA 51: EVALÚA TU SENTIDO DE LA RESPONSABILIDAD

Yo tengo inclinación al placer; pues daré un bandazo hacia el lado contrario para ejercitarme. Tengo rechazo al trabajo; me machacaré entonces hasta que logre evitar el repudio de toda esa clase de cosas... Según esto, cada cual ha de aplicarse más a una cosa.

Epicteto, *Disertaciones*, 3.12, 7–8

Epicteto nos insta a identificar aquellos aspectos de nuestra vida que necesitan mejorar y después concentrar los esfuerzos en esas áreas. Una introspección así puede parecer intrusiva o incluso dolorosa, pero es necesaria para avanzar. Los estoicos se preguntan todo el tiempo cosas como: *¿Cuál es mi mayor debilidad? ¿Qué suelo hacer para evitar el trabajo difícil?*

1. ¿Qué aspectos de tu carácter o de tu vida necesitas mejorar? Escribe tantos como se te ocurran. Luego rodea con un círculo los tres que tengan más impacto en tu existencia.
2. Describe cómo asumes tú la responsabilidad. Si aún no lo tienes claro, aprovecha para pensarlo ahora. ¿Cómo definirías la responsabilidad? ¿Cómo la demuestras en tu trabajo, en tu vida personal y, en general, en tu entorno?

DÍA 52: CONTROLA TU TEMPERAMENTO

En séptimo lugar, que no nos molesten sus acciones —porque se encuentran en los guías interiores de aquellos—, sino nuestras opiniones. Elimina, pues, y sea tu propósito desprenderte del juicio, como si se tratara de algo terrible, y se acabó la cólera.

Marco Aurelio, *Meditaciones*, 11.18

A estas alturas ya sabes que uno de los valores estoicos fundamentales es aceptar que las acciones de la gente solo tienen poder cuando permitimos que lo tengan. Si crees que te han agraviado, sentirás ira. Sin embargo, cuando dejas de creer que has sufrido un agravio, la ira tiende a disiparse. Después de todo, ¿no depende nuestra cólera del hecho de «sentirnos» agraviados? Las personas estoicas siempre asumen la responsabilidad de sus reacciones ante las ofensas, injusticias o inmoralidades de la gente.

1. ¿Estás de acuerdo con Marco Aurelio en que no son las acciones ajenas lo que te molesta, sino tus opiniones sobre ellas? ¿Existe alguna excepción a esta afirmación?
2. ¿Qué te ayudaría a superar una ofensa con rapidez? ¿Qué hace que te resulte difícil, o casi imposible, dominar la ira?

El estilo de vida estoico

DÍA 53: EN LA PIEL AJENA

Nadie juzga la intención, sino el acto solo; y, sin
embargo, es necesario tenerla en cuenta y apreciar
si ha mediado voluntariedad o accidente, coacción o
error, odio o interés ... ¿Lo hicieron para complacerse
a sí mismos o para servir a un amigo?

Séneca, *Sobre la ira*, 3.12

Los estoicos nos incitan a reflexionar sobre la propia ira. En lugar de
suponer lo peor, Séneca nos pide abrir la perspectiva sobre la intención de la otra persona. ¿Puede ser que estuviera intentando ayudar a
alguien, incluso a ti? Nos recuerda Séneca que el objetivo es ser capaces de interpretar las acciones e intenciones de los demás de la manera
más justa posible.

1. Piensa en la última vez que has tenido una discusión con un
   amigo o familiar. Ya sabes cómo se han producido los hechos.
   Bien, ahora escríbete una carta dando justificaciones y razones
   desde el punto de vista de la otra persona.

2. Cita cinco errores que hayas cometido en la vida. A continuación, piensa en una persona con la que estés normalmente en
   desacuerdo o con la que hayas tenido un enfrentamiento reciente.
   ¿Qué errores comete esa persona de manera frecuente? ¿Se solapan sus errores con los tuyos?

DÍA 54: CONFÍA EN EL TIMONEL

Vamos a hacer como si estuviéramos en una nave.
¿Qué puedo hacer yo? Elegir al timonel, a los
marineros, el día, la oportunidad. Luego estalla una
tormenta. ¿Qué más me incumbe? Mi parte está
hecha. La tarea es de otro, del timonel.

Epicteto, *Disertaciones*, 2.5, 10–11

Por mucho poder o posición que tengas, solo puedes influir en las situaciones hasta cierto punto. Debes renunciar al control y confiar solo en que tus esfuerzos te han preparado para el mejor resultado posible. En situaciones en las que es básico el papel que juegan otras personas, la aceptación implica confiar en que quienes has elegido para llevar la nave cuentan con los conocimientos y las habilidades necesarios para guiarte hasta tierra firme.

1. ¿Cuándo fue la última vez que confiaste plenamente en otra persona? ¿Qué condiciones hicieron posible esa confianza? Si no se te ocurre nada, considera las condiciones que actualmente necesitas para renunciar al control.

2. Elige un aspecto de tu vida sobre el que tengas un control parcial pero no total (salud, relaciones, proyectos laborales, etc.). ¿Qué esfuerzos estás haciendo ahora mismo para triunfar en ese aspecto?

DÍA 55: UNA VERDAD INNEGABLE

No soy Eón, sino un ser humano, una parte del todo,
como la hora del día. He de estar presente, como la
hora, y pasar, como la hora.

Epicteto, *Disertaciones*, 2.5, 13

Enfrentar nuestra propia mortalidad es una de las cosas más difíciles
que haremos en la vida, pero Epicteto nos recuerda que la muerte
forma parte de la condición humana. De hecho, es una de las pocas
cosas que sabemos con seguridad. La filosofía estoica nos insta a apreciar la verdad de que nuestro tiempo en la tierra es fugaz, a aceptar la
propia mortalidad y ver que forma parte de una historia mucho más
grande.

1. ¿Qué te viene a la cabeza cuando piensas en la muerte? ¿Qué te
   pasa en el cuerpo? ¿Te conforta considerar que formas parte de un
   todo más grande?
2. Reflexionar sobre la mortalidad puede inspirar a la acción.
   Escribe el nombre de una persona a la que amarás más hoy, de
   un hábito saludable que iniciarás hoy o de un pequeño acto de
   bondad que llevarás a cabo antes de irte a dormir.

El estilo de vida estoico

Mira como una de las mayores bendiciones el haber tenido un excelente hermano: no pienses en cuánto tiempo lo tendrías que haber tenido, sino en cuánto lo tuviste. La naturaleza te dio un hermano, igual que a otros les da otros hermanos también; pero no en propiedad, sino como préstamo. Después de todo, cuando la naturaleza consideró que había llegado el momento adecuado, se lo llevó.

Séneca, *Sobre la consolación a Polibio*, 10.6

En vez de lamentar las pérdidas futuras de nuestros seres queridos, Séneca nos insta a sentir gratitud por el tiempo que pasamos con ellos. Esta filosofía hace referencia también a todo tipo de bienes: prosperidad, desarrollo profesional, familia. Para los estoicos, el objetivo es superar el miedo a la pérdida aceptando que todo es temporal. Ellos eligen celebrar la belleza que hay en este ciclo natural, apreciando a las personas y las cosas mientras las tienen.

1. Elige a una persona que sea importante en tu vida y escribe un párrafo agradeciéndole que esté ahí. ¿Qué hace que sea especial para ti? Expresa tu gratitud por haberla conocido.
2. Si has perdido hace poco a un ser querido, escribe un párrafo o dos celebrando la vida de esa persona. ¿Por qué era especial para ti? Expresa tu gratitud por haberla conocido.

> Que sea indiferente para ti pasar frío o calor, si
> cumples con tu deber; pasar la noche en vela o
> saciarte de dormir, ser criticado o elogiado, morir o
> hacer otra cosa. Pues una de las acciones de la vida es
> también aquella por la cual morimos. En efecto, basta
> también para este acto «disponer bien el presente».

Marco Aurelio, *Meditaciones*, 6.2

Para Marco Aurelio, el deber era algo más que cumplir con sus obligaciones de emperador romano; también significaba actuar con virtud. En la tradición estoica, cada individuo tiene la responsabilidad primordial de ser sabio, justo y valiente, ya sea que estemos liderando una reunión o luchando contra una enfermedad. Estés donde estés y hagas lo que hagas, siempre has de hacerlo de manera virtuosa.

1. Si tu vida acabara mañana, ¿cómo te gustaría que te recordaran en tu funeral? ¿Qué pasos puedes dar para encarnar a esa persona hoy?
2. ¿Cuál es la mayor dificultad a la que te estás enfrentado ahora mismo? ¿Qué tendrías que hacer para atravesar ese desafío con un fuerte carácter moral, es decir, para vivir con virtud?

DÍA 58: CELEBRA LOS TRIUNFOS Y RECUPERA LO PERDIDO

Mira qué has logrado de lo que te proponías al empezar, qué no y cómo, al recordarlo, de unas cosas te alegras y por otras te afliges. Y, si es posible, vuelve a tomar lo que se te escapó. Que no han de rehuir los luchadores el mayor combate, sino que han de encajar los golpes.

Epicteto, *Disertaciones*, 3.25, 1–2

1. Piensa en algo que conseguiste el año pasado. ¿De qué sientes un especial orgullo? ¿Qué relación tiene ese orgullo con tus virtudes? ¿Qué te gustaría revisar para remediar, mejorar o reconciliarte con ello? ¿Qué salió mal? ¿Qué herramientas tienes ahora para mejorar en este sentido?

2. Revisa tus objetivos desde el Día 51. ¿Cuántos has cumplido? Haz una breve descripción de tus progresos hacia cada objetivo, incluyendo los pasos que vas a dar a continuación. Sigue con ellos durante toda esta semana.

DÍA 59: UN PUNTO INDIVISIBLE

> Desecha, pues, todo lo demás y conserva unos pocos
> preceptos. Y además recuerda que cada cual vive
> exclusivamente el presente, el instante fugaz. Lo
> restante, o se ha vivido, o es incierto.
>
> Marco Aurelio, *Meditaciones*, 3.10

Marco Aurelio nos recuerda que nuestra experiencia del mundo
ocurre a través de una sucesión de instantes individuales, cada uno
de ellos un momento único e indivisible que siempre acontece en
el *presente*. Si te aceptas y aceptas el mundo en el que vives, podrás
relajarte y centrarte en lo que estás haciendo en este preciso instante.
Aprenderás a habitar no en el pasado ni en el futuro, sino en la
riqueza del momento presente.

1. Programa cinco minutos en un cronómetro. Ahora siéntate en
   algún lugar cómodo, relájate y observa tus pensamientos. ¿Piensas
   en el pasado o en el futuro? Si aparecen emociones negativas, ten
   en cuenta que no son hechos, sino opiniones. Y vuelve a dirigir
   tu atención al momento presente. Cuando acabe el tiempo, anota
   tus sensaciones sobre la experiencia. ¿Qué ha hecho tu mente?
   ¿Has aprendido algo sobre ti?
2. Describe algún momento en el que te hayas sumergido del todo
   en el presente. ¿Cuáles fueron las condiciones que hicieron esto
   posible?

Comprendes, aunque no lo añadiera, que de ello
nace una constante tranquilidad y libertad. Una vez
alejadas las cosas que nos irritan o nos aterran ... nos
viene una gran alegría inquebrantable y constante,
y al mismo tiempo la paz y la armonía del alma, y la
magnanimidad con la dulzura, pues toda ferocidad
procede de la debilidad.

Séneca, *De la felicidad*, 3.4

Para los estoicos, el dolor y la pérdida no son más que una parte natural de la experiencia humana, igual que la alegría y la satisfacción. Como parte de la naturaleza subyacente del mundo, simplemente *existen*. Cuando practicamos estar en el presente, nos resulta más fácil conectarnos de manera más profunda con nuestra experiencia humana y percibir que formamos parte de un sistema vivo más amplio. La receta estoica para la paz interior es encontrar la alegría internamente como seres vivos que presencian la belleza que nos rodea.

1. Tus condiciones internas, es decir, tu carácter y habilidad para responder de un modo eficaz a los acontecimientos, son las que te llevan a la paz interior. ¿Cómo puedes crear las condiciones internas adecuadas para vivir con tranquilidad? ¿Qué prácticas y recordatorios añadirías a tus rutinas para mantener tu clima interno en equilibrio?
2. Escribe la cita estoica que más te haya impactado de los últimos 30 días. ¿Qué representa para ti? Plantéate utilizarla como fondo de pantalla en tu teléfono móvil, a modo de recordatorio para los próximos días.

VIVIR
CON VIRTUD

Hasta ahora hemos estado cultivando una mentalidad estoica para vivir con una mayor autoconciencia y aceptando a las personas y las situaciones que nos rodean. En este Curso C te centrarás en cómo alinear tus objetivos y valores con tu vida cotidiana; es decir, aprenderás a vivir con mayor intencionalidad. Exploraremos la relación entre la generosidad y la libertad interior, y descubrirás qué tiene que ver la integridad con la felicidad duradera. Al final de los 90 días, verás que has desarrollado una disciplina estoica para enfrentarte al mundo de una manera más segura, confiada, justa y sabia.

Ahora, pues, mientras la sangre está caliente, los vigorosos han de tomar el mejor rumbo. En esta clase de vida te espera gran parte de las buenas ciencias, el amor y el ejercicio de la virtud, el olvido de los deleites, el arte de vivir y morir, y, al final, un soberano descanso.

Séneca, *De la brevedad de la vida*, 19.2

En la Antigua Grecia, la filosofía era considerada la terapia de las «pasiones», expresión utilizada para describir emociones intensas como la ira, el miedo, la codicia o la envidia. Sin embargo, el estoicismo promete liberarte de la asfixia de estas emociones gracias a la habilidad de controlar tus respuestas a los estímulos externos. El resultado es la paz interior y la serenidad. En esta cita, Séneca nos dice que hay que arraigarse en las propias virtudes practicándolas cada día, para poder alejarnos de reacciones volátiles y alinearnos con nuestro propósito más profundo.

1. ¿Por qué crees que Séneca habla de «practicar» las virtudes y no de «dominarlas»? Cita tres maneras en las que puedes practicar tus virtudes fundamentales esta semana.
2. ¿De qué manera concentrarte en las virtudes frenará tus reacciones perjudiciales? ¿Cómo podría este cambio crear espacio para emociones y comportamientos más útiles?

DÍA 62: EL ARTE DE VIVIR

La filosofía no promete asegurar nada externo al
hombre; si no, estará aceptando algo extraño a su
propia materia. Pues del mismo modo en que el
material del arquitecto es la madera y el del escultor
el bronce, así la propia vida de cada uno es el material
del arte de la vida.

Epicteto, *Disertaciones*, 1.15, 2

Los estoicos de la Antigüedad a veces se referían a la filosofía como «el
arte de vivir»: cada individuo es escultor de su propia vida. Y el material con el que trabaja no son bienes externos (dinero, posición social
o éxito profesional), sino su propia mente y carácter. Es posible hacer
un trabajo maravilloso y excelente empleando los materiales disponibles en el interior de cada cual.

1. ¿Qué aspectos de tu vida actual los sientes como arte? ¿Te gustaría
    sacarles más partido?
2. ¿Qué herramientas usas como «artista» de tu propia vida? (Por
    ejemplo: la lectura, la escritura de un diario, la meditación, las
    rutinas estructuradas, alguna técnica mental).

El estilo de vida estoico

> ¿Cuál es tu oficio? Ser bueno. Y ¿cómo se consigue
> serlo sino mediante las reflexiones, unas sobre la
> naturaleza del conjunto universal y otras sobre la
> constitución peculiar del hombre?
>
> Marco Aurelio, *Meditaciones*, 11.5

Cualquier artista tiene que dominar algunos principios básicos para aportar energía a sus creaciones. El arte de vivir no es diferente. En esta cita, Marco Aurelio nos explica que para vivir bien hace falta conocer la naturaleza humana y cuál es nuestro lugar en el cosmos. Si todo lo que puedes controlar es tu respuesta al entorno, entonces tus elecciones se convierten en el lienzo en el que pintar tu vida.

1. Elige una de estas virtudes: conocimiento, justicia, coraje y templanza; describe cómo guiará tus decisiones en el transcurso de esta semana.
2. ¿Qué virtud se encuentra más presente en tu vida ahora mismo? ¿Cómo te ayuda a conectar con una perspectiva más amplia y a entender tu propósito y lugar en el cosmos?

Mira de qué modo como, cómo bebo, cómo duermo,
cómo colaboro, cómo hago uso del deseo y del rechazo,
cómo mantengo relaciones naturales o adquiridas sin
confusiones ni trabas. Júzgame en eso si puedes.

Epicteto, *Disertaciones*, 4.8, 20

Mucha gente considera atractivos los principios del estoicismo, pero
¿puedes ponerlos en práctica en tu vida cotidiana? ¿Los tienes siempre
presentes en tu día a día? ¿Sabes redirigir tus deseos desde los bienes
externos a los internos, como la sabiduría y el coraje? Para Epicteto, el
estoicismo no es algo para aplicar solo en momentos de crisis. Es un
estilo de vida en torno al cual orientar tu mentalidad y tu comporta-
miento, todos los días.

1. Describe cómo demuestras las virtudes estoicas saludables en cada
    una de estas situaciones de *tu* vida: en el comer, en el dormir, en
    el control de tus deseos y en las relaciones. Identifica una de estas
    áreas en la que te gustaría mejorar. ¿Cómo sería esa mejora?
2. Piensa en algo que te impida alcanzar un objetivo determinado.
    ¿Cuál es tu mentalidad con respecto a este obstáculo? ¿Cómo
    afecta esta mentalidad tus comportamientos?

DÍA 65: COMO UNA ESMERALDA

Dígase o hágase lo que se quiera, mi deber es ser bueno. Como si el oro, la esmeralda o la púrpura dijeran siempre eso: «Hágase o dígase lo que se quiera, mi deber es ser esmeralda y conservar mi propio color».

Marco Aurelio, *Meditaciones*, 7.15

Cuando las personas de tu entorno no comparten tu forma de pensar y tus valores, puede ser difícil tomar decisiones impopulares. Marco Aurelio nos invita a recordar que nuestra autenticidad y esencia interna no está determinada por la aceptación o rechazo de los demás, sino por nuestra integridad y coherencia con nosotros mismos. La belleza y el valor de una esmeralda no dependen de si alguien la aprecia o no. Así, al igual que con una esmeralda, tus valores fundamentales permanecen intactos, independientemente de las opiniones o acciones de los demás hacia ti.

1. Las piedras preciosas tienen un color inherente, pero se pueden pulir para que brillen con más intensidad. ¿De qué color es tu carácter? ¿Qué virtudes representa este color? Piensa en dos maneras de «pulir» tu carácter para mostrar tus verdaderos colores.
2. Muchas piedras preciosas son conocidas por su resistencia y durabilidad. ¿Qué propiedades posees que sean inquebrantables? ¿Cómo podría tu fuerza interior ayudarte a brillar?

DÍA 66: OBSERVAR LOS PROBLEMAS A ESCALA

La felicidad máxima se alcanza cuando, una vez pisoteados todos los vicios, el alma busca las alturas y alcanza los recovecos de la naturaleza. Qué alegría entonces vagar a través de las estrellas, mirar hacia abajo con sorna los salones dorados de los ricos y la tierra entera con su reserva de oro.

Séneca, *Cuestiones naturales*, Introducción

Los estoicos nos recuerdan que no es necesario abandonar el hogar para tener una experiencia sanadora: el cielo está ahí para consolarte y para que lo contemples. Es crucial que en tu rutina cotidiana te detengas de vez en cuando y mires al cielo. Al dirigir la mirada hacia la inmensidad del universo y la majestuosidad de nuestro planeta, reconocerás tus limitaciones y verás tus problemas en su escala adecuada.

1. ¿Has tenido alguna vez un encuentro con el mundo natural que te haya llevado a comprender mejor tu vida?
2. Cronometra cinco minutos y busca un sitio para contemplar el cielo. ¿En qué piensas? Anota tres o cuatro formas de conectar con la naturaleza sin salir de casa.

DÍA 67: EL PODER DE ELEGIR

> Libre es el que vive como quiere, al que no se puede forzar ni poner impedimentos ni violentar, sin obstáculos en sus impulsos ni fallos en sus deseos ni tropiezos en sus rechazos.
>
> Epicteto, *Disertaciones*, 4.1, 1

Mucha gente anhela estar libre de responsabilidades y obligaciones. Quizá desea tener más dinero, más tiempo o más cosas inasibles. Pero Epicteto considera que la libertad es una cuestión de elección: en vez de «desear» vivir unas circunstancias diferentes, los estoicos nos animan a cambiar nuestra mentalidad y tomar decisiones que estén alineadas con nuestras responsabilidades y obligaciones. Así pues, la libertad supone aprovechar lo que está en tus manos: cultivar un carácter impecable y tomar decisiones honrosas.

1. Identifica una situación actual en la que te enfrentes a tus obligaciones o limitaciones. ¿Podrías redefinir la libertad como el poder de elegir tu respuesta en esa situación? ¿Qué aspecto tendría ese tipo de libertad?

2. Traza tres columnas. Escribe en ellas tres cosas que te gustaría cambiar y tres virtudes que te ayudarán a hacerlo. Por último, anota tres decisiones que tomarás para cada una de las situaciones.

DÍA 68: UNA RED DE COMPASIÓN

Esto es lo primero que garantiza la filosofía: sentido común, trato afable y sociabilidad.

Séneca, *Epístolas morales a Lucilio*, 5.4

El estoicismo tiene como objetivo apoyar a los individuos en su búsqueda de una vida plena y virtuosa, pero su base descansa en unos principios colectivos: el afecto, la amabilidad y la habilidad para comprometerse y respetar a los demás. Los estoicos creen que los seres humanos somos por naturaleza animales sociales hechos para vivir en comunidad y cooperar, pero también distinguen entre la compasión emocional —la cual conduce al estrés— y la compasión racional. Cuando actúas con compasión racional, tu amabilidad surge de una comprensión profunda y constante de tu afinidad con otras personas (es decir, no se trata de una reacción emocional). Esto te permite mantenerte firme y amable a pesar de lo que ocurra alrededor.

1. ¿Estás de acuerdo en que deberíamos mostrar solidaridad con todo el mundo y no solo hacia nuestra familia o amistades? ¿De qué manera tu vida impacta a las personas en otras ciudades o países?
2. Describe alguna experiencia que hayas tenido cuidando a alguien. Da detalles sobre tu afecto por esa persona. ¿Cómo enriquece tu vida ese afecto?

DÍA 69: RECONSIDERA TUS JUICIOS

Solo lo que procede de opiniones correctas está bien,
y lo que de malas, mal. Pero tú, hasta que te enteres de
la opinión por la que alguien hace cada cosa, ni alabes
la acción ni la censures.

Epicteto, *Disertaciones*, 4.8, 3

Epicteto nos dice que no hay que hacer juicios inmediatos sobre los
demás, porque no se suele contar con toda la información necesaria
para que sean acertados. Tal vez haya una justificación para lo que
hacen que tú desconozcas. La sabiduría estoica nos anima a conceder
el beneficio de la duda: solo si conoces sus intenciones puedes juzgar
sabiamente sus acciones.

1. Piensa en una situación en la que hayas juzgado a alguien y luego
   te hayas dado cuenta de que te equivocaste. ¿Qué juicio hiciste?
   ¿Habría sido diferente la situación si te hubieras abstenido de
   precipitarte?
2. Recuerda algún juicio que hayas hecho hace poco. Ahora examínalo: ¿te está diciendo la verdad? ¿Qué pruebas hay de que ese
   juicio es erróneo? Habla con testigos (incluso la propia persona a
   la que estás juzgando, si quieres) y deja que te den su opinión.

DÍA 70: ADAPTARSE ES AMAR

Amóldate a las cosas que te han tocado en suerte; y a
los hombres con los que te ha tocado en suerte vivir
ámalos, pero de verdad.

Marco Aurelio, *Meditaciones*, 6.39

Para Marco Aurelio la clave del amor, tanto hacia uno mismo como
hacia los demás, es la aceptación. Habrá veces en que esto impli-
que adaptar tus expectativas sobre la forma de actuar de los demás.
Cuando te liberas de toda expectativa no solo te vuelves más amable,
sino que empiezas a amar con sinceridad y experimentas más felicidad. La capacidad de adaptación es, en cierto sentido, equivalente a
la paz.

1. Programa un minuto en un cronómetro. Piensa entonces en
    alguien a quien quieres, en sus admirables características y en las
    maravillosas experiencias que has vivido en su compañía. ¿Qué se
    te ocurre? ¿Cómo te sientes?

2. Programa un minuto en un cronómetro. Piensa en alguien con
    quien no te lleves bien. Identifica tantas de sus buenas caracterís-
    ticas como puedas. Escribe lo que esa persona podría creer que
    estás pasando por alto o no estás reconociendo en ella.

DÍA 71: RECONSIDERA EL DESEO

> Así pues, esas gentes se sumergen en los placeres,
> que convierten en hábito sin que puedan prescindir de
> ellos; y son por este motivo muy desdichadas, ya que
> han llegado a tal extremo que lo que había sido para
> ellas superfluo se les ha convertido en necesario. Se
> esclavizan, pues, a los placeres sin disfrutarlos.
>
> Séneca, *Epístolas morales a Lucilio*, 39.6

Séneca nos explica la intricada relación que hay entre el deseo y la infelicidad. En el momento en que entras en una espiral de consumo —deseando siempre algo más— es cuando pierdes el control de tu realización interior. Si no eres capaz de vivir sin aquello que *tienes que tener*, ¿eres feliz en realidad? Los estoicos consideran que las personas adquirimos una preciada libertad cuando nuestro bienestar no depende de los lujos.

1. ¿Hay algo de lo que no puedas prescindir? ¿Cómo sería tu vida si te privaras de eso durante una semana?
2. ¿Qué compras de forma habitual? ¿Podrías identificar algún patrón? ¿Cómo te sientes cuando compras? ¿Cuánto tiempo te dura esta sensación?

DÍA 72: PON A PRUEBA TU DETERMINACIÓN

> Es suficiente la opinión presente que capta lo real,
> la acción presente útil a la comunidad y la presente
> disposición capaz de complacer a todo lo que acontece
> procedente de una causa exterior.
>
> Marco Aurelio, *Meditaciones*, 9.6

Para los estoicos, la verdadera satisfacción implica estar en paz con tus circunstancias actuales, por mucho que te pongan a prueba. Esto supone hacer el trabajo de aceptar lo que está sucediendo contigo y a tu alrededor. Si desarrollas tu habilidad de razonar, tratarás de un modo justo a los demás y cultivarás una aceptación profunda de las alegrías y las tragedias del mundo, te estarás dando la oportunidad de vivir en plenitud.

1. Escribe una cosa que hayas visto clara el año pasado, una acción generosa que hayas hecho por alguien y una cosa que te costara aceptar, pero a lo que finalmente te has resignado. Ahora para de escribir y observa cómo te sientes.

2. Crea un post falso para las redes sociales explicando a tus contactos que estás renunciando a una actividad o compra en particular porque estás feliz con lo que ya tienes.

DÍA 73: EL BARÓMETRO DE LA OCUPACIÓN

Ni seas negligente en tus acciones, ni embrolles en
tus conversaciones, ni en tus imaginaciones andes sin
rumbo; ni, en suma, constriñas tu alma o te disperses,
ni en el transcurso de la vida estés demasiado
ocupado.

Marco Aurelio, *Meditaciones*, 8.51

Los estoicos creen que es clave dedicar tiempo a las actividades que
aclaran la mente y alimentan el alma. Esto puede suponer desin-
toxicarte de las reuniones sociales, o bien compartir experiencias o
conversaciones profundas con otras personas; lo fundamental es que
aportes conciencia e intencionalidad a estos «momentos de ocio». Si
siempre tienes muchas ocupaciones corres el riesgo de perder el con-
tacto con ese «barómetro» que te dice cuándo conectar o desconectar.
Si limitas las distracciones, te acercarás más a los pensamientos y
actividades que de verdad te llenan.

1. Haz una lista de la «comida basura» con la que de vez en cuando
   «alimentas» tu mente. ¿Qué pasa cuando consumes mucha?
   Piensa en el papel que juega en tu salud mental, física y espiritual.
2. ¿En qué actividades de ocio podrías concentrarte para aclarar tu
   mente y renovar tu alma?

El estilo de vida estoico

¿Por qué no mantienes constante la atención? «Hoy quiero jugar». ¿Qué te impide que pongas atención? «Cantar». ¿Qué te impide que cantes, pero con atención? ... ¿Lo harás peor si atiendes y mejor si no? ¿Y qué cosa en esta vida hacen mejor los que no atienden?

Epicteto, *Disertaciones*, 4.12, 3–5

Habrás oído decir: «Donde enfocas tu atención, enfocas tu energía». Esta es la clave de un principio estoico fundamental que relaciona la atención con la actitud, la opinión, la elección y la acción. Cuanta más atención prestes a tu entorno y a tu experiencia en él, más intencionalidad pondrás en tus elecciones. Para los estoicos no es tanto la acción lo que importa, sino la intencionalidad que se le da.

1. Piensa en la atención como una luz que ilumina su objeto de enfoque. Enumera cinco cosas que te gustaría «iluminar» en tu vida. ¿Cuál es el primer paso que podrías dar para concentrarte en cada una de ellas?

2. ¿Cuándo fue la última vez que experimentaste una concentración plena en un proyecto o actividad? ¿Qué condiciones hicieron posible esa atención?

> La bondad te prohíbe ser arrogante y codicioso con
> los tuyos. En palabras, en hechos y en sentimientos se
> muestra amable y cortés con todos.
>
> Séneca, *Epístolas morales a Lucilio*, 88.30

Todos hemos experimentado situaciones en las que alguien intenta
obtener nuestro amor, aprobación o atención de manera excesiva o
insistente. Y nada nos aleja más de estas personas. Los estoicos nos
instan a tratar las relaciones humanas con amabilidad, sin exigencias
ni exageraciones. Las personas somos por naturaleza seres sociales y
nos gusta compartir tiempo y recursos con otras. Cuando dejamos
que esta actitud cortés fluya, experimentamos un estado de calma que
beneficia suavemente, pero de manera poderosa, a las personas que
nos rodean.

1. Describe la última vez que alguien fue amable contigo sin esperar
   nada a cambio. ¿Qué te permitió hacer o sentir esa amabilidad?
2. Piensa en tres personas a las que te gustaría ofrecer tu amabilidad. Para cada una, plantéate una acción sutil que puedas llevar
   a cabo para que se sientan apreciadas o consideradas. Describe
   cómo evitarás buscar su aprobación y, en su lugar, dejarás que la
   amabilidad fluya de manera natural y sin expectativas.

Porque ¿contra quién te enojas? ¿Contra la ruindad de los hombres? Reconsidera este juicio: los seres racionales han nacido el uno para el otro, la tolerancia es parte de la justicia, sus errores son involuntarios.

Marco Aurelio, *Meditaciones*, 4.3

Los antiguos estoicos creían que nuestros errores son involuntarios. Nadie quiere hacer algo «incorrecto»; y que lo que hacemos lo hacemos pensando que está bien. Entender esto te ayudará a actuar de un modo compasivo con quienes antes te enojaban o decepcionaban. La justicia estoica obliga a tratar a todos los seres humanos con empatía y respeto, aunque no estemos de acuerdo en todo lo que hacen.

1. Los mejores líderes políticos y espirituales son aquellos que tratan con serenidad a quienes se oponen a ellos. ¿Por qué admiramos a la gente que trata a sus oponentes personales o políticos con respeto o incluso con compasión? ¿Qué demuestra esta actitud acerca de su carácter?

2. Identifica a una persona con la que te cueste ser paciente. ¿Puede que piense que está haciendo lo correcto? Plantéate cómo mostrarle más compasión al recordar que se equivoca sin querer.

DÍA 77: EL CONTEXTO LO ES TODO

Además de esto, se debe recordar quiénes somos y cuál es nuestro título, e intentar amoldar nuestros deberes a las facultades de nuestra constitución. Cuál será el momento de cantar, cuál el de jugar, en presencia de quiénes, qué resultará del asunto. Que ni nos desprecien los que están con nosotros ni nosotros a ellos.

Epicteto, *Disertaciones*, 4.12, 16-17

Todo el mundo emprende acciones a lo largo de la vida que son adecuadas a sus circunstancias, funciones, cualidades y carácter. Los estoicos nos recuerdan que reflexionar con detenimiento tanto en nuestra propia individualidad como en la responsabilidad para con los demás, nos ayudará a determinar nuestras acciones y comportamientos, teniendo en cuenta cómo impactan en nuestro entorno y en nuestra propia satisfacción personal.

1. Haz una lista de todos los roles que desempeñas en la vida. ¿Se solapan algunos de ellos? ¿Se contradicen? ¿Cómo guían tus roles más importantes tus decisiones y acciones? Piensa en una situación reciente en la que tus roles hayan influido en tus decisiones.

2. Describe alguna situación en la que tus acciones hayan tenido un efecto positivo en tu entorno. Ahora, considera una situación diferente en la que esas mismas acciones podrían tener un efecto adverso. Describe las condiciones, el contexto, que cambiaron este resultado.

El estilo de vida estoico

DÍA 78: IDENTIFICA LOS MODELOS A SEGUIR

> Elige a aquel de quien te agradaron la conducta, las palabras y su mismo semblante, espejo del alma; tenlo siempre presente, o como protector o como referente. Precisamos de alguien, lo repito, al que ajustar como modelo nuestra propia forma de ser; si no es conforme a un patrón, no corregirás los defectos.
>
> Séneca, *Epístolas morales a Lucilio*, 11.10

Los estoicos consideran que los modelos a seguir nos sirven como ejemplo del buen vivir. Por tanto, siempre que tengas una duda deberías preguntarte cómo nuestro modelo a seguir abordaría una situación similar. Si recurres siempre a un modelo determinado, sea un estoico o alguien que se esfuerce por llevar una vida virtuosa, podrás mantenerte fiel a tus principios.

1. Piensa en ejemplos a imitar ya sean personas cercanas a ti o personajes públicos. ¿Tienes un modelo a seguir actualmente? ¿Qué virtudes poseen esas personas? ¿Cómo impactó, o impacta, su vida a otras personas?

2. Identifica un desafío que estés enfrentando actualmente. ¿Cómo manejaría esta situación uno de tus modelos a seguir? ¿Qué virtudes los guiarían (y a ti)?

El estilo de vida estoico

DÍA 79: EL PRECIO DE LA AVARICIA

Sí, pero el injusto consigue más. ¿En qué? En dinero.
En efecto, en eso es superior a ti, porque adula,
no tiene vergüenza ni pasa desvelos. ¿De qué te
extrañas? Pero mira si consigue más que tú en ser
leal, en ser respetuoso: hallarás que no. En lo que eres
superior hallarás que tú consigues más.

Epicteto, *Disertaciones*, 3.17, 2–3

Cuando vemos cómo la gente egoísta prospera, caemos en la tentación
de pensar que el mundo es injusto. Pero Epicteto nos lo hace ver de
otra manera: quienes actúan con avaricia están intercambiando algo
valioso (su buen carácter) por otra cosa que no tiene valor real (una
ganancia material). Si piensas en la relevancia de este intercambio
vivirás de acuerdo a tus valores y descansarás tranquilo por la noche.

1. ¿Cómo impacta en tu vida cotidiana y en tus decisiones tu actitud respecto a las posesiones materiales?
2. Describe alguna situación en la que hayas preferido tener buen
   carácter a obtener algo externo, como un logro, popularidad o
   dinero.

DÍA 80: LA INTEGRIDAD SIN ESTRIDENCIAS

> ¿No sabes que un hombre bueno y honrado no hace
> nada para parecer, sino para que esté bien hecho?
>
> Epicteto, *Disertaciones*, 3.24, 50

La actividad virtuosa a menudo ocurre cuando nadie está mirando. Los grandes estoicos, como Epicteto, nos recuerdan que lo que es correcto es siempre correcto, aunque no haya nadie delante para aplaudir nuestras acciones. Cuando sientas la tentación de hacer algo para recibir elogios, los estoicos te recuerdan que debes actuar para preservar tu carácter, no para impresionar o satisfacer a los demás. La virtud es su propia recompensa.

1. Elige un modelo a seguir que actúe con integridad, aunque nadie le entienda ni aprecie sus acciones. ¿Qué valores guían a esta persona? ¿Qué aspectos de su carácter admiras más?

2. Escribe sobre alguna ocasión en que hayas hecho algo digno de elogio, pero que nadie haya elogiado. ¿Cómo te sentiste? ¿Qué valores te guiaron? ¿Lo volverías a hacer?

DÍA 81: FORJA TU PROPIA FORTUNA

Pero la fortuna consiste en haberte asignado un buen
lote; y un buen lote son las buenas tendencias del
alma, buenos impulsos, buenas acciones.

Marco Aurelio, *Meditaciones*, 5.37

Los estoicos nos dicen que en vez esperar a que ocurran cosas «buenas» deberíamos buscar nuestra propia fortuna actuando con bondad.
Para Marco Aurelio, lo *bueno* se equipara a lo *virtuoso*, y ya sabes que
la virtud es una recompensa en sí misma. Aún mejor, si guías tus
emociones y acciones con sabiduría, estarás dotando a tu vida de una
energía constructiva que genera acciones positivas en la gente que te
rodea. Los estoicos plantean una pregunta central: ¿qué fortuna te
asignarás a ti mismo?

1. ¿Qué emociones y acciones positivas sientes que te llenan hoy?
   Durante las próximas 24 horas, cada vez que notes que esta energía positiva te trae buena fortuna, apúntalo.
2. Piensa en un proyecto en el que estés trabajando en la actualidad.
   Identifica dos cosas que puedes hacer hoy para crear tu propia
   suerte. ¿Generarías más energía positiva si modificaras tu manera
   de pensar?

Corre al encuentro de tu guía interior, del guía del
conjunto universal y del de tu vecino. Del tuyo,
para que hagas de él una justa inteligencia; del que
corresponde al conjunto universal, para que recuerdes
de qué formas parte; del de tu vecino, para que sepas
si existe ignorancia o reflexión en él y, al mismo
tiempo, consideres que es tu pariente.

Marco Aurelio, *Meditaciones*, 9.22

Marco Aurelio habla de tres aspectos de la vida que deberíamos analizar de manera habitual: nuestra mente, el universo y las personas que nos rodean. Estos aspectos corresponden a las tres disciplinas estoicas de la lógica, la física y la ética. Vivir como un verdadero estoico implica hacer hueco en tu ajetreado día para examinar tus elecciones y acciones en cada una de estas tres disciplinas.

1. Durante el día anterior ¿cómo has tratado de tener una comprensión clara y precisa de las cosas?¿Con qué frecuencia has prestado atención a tus pensamientos, actitudes y elecciones?
2. ¿De qué manera has mostrado compasión por la gente que te rodea? ¿Qué te ayuda a recordar que las personas no obran mal voluntariamente?
3. ¿Qué te conecta con la experiencia humana en su conjunto?

DÍA 83: CULTIVA LA GRATITUD

> Deberíamos intentar por todos los medios sentirnos
> lo más agradecidos posible, pues la gratitud es buena
> para nosotros mismos, en el sentido de la justicia,
> no en el sentido que comúnmente se supone que
> concierne a otras personas; la gratitud regresa en gran
> medida a sí misma. No hay persona que, al beneficiar a
> su prójimo, no se haya beneficiado a sí misma.
>
> Séneca, *Epístolas morales a Lucilio*, 81.19

Séneca insiste en que el principal beneficiario de la gratitud es la
persona agradecida. Cuando te relacionas con los demás, y con
el universo en general, con amabilidad y gentileza, entonces estás
cultivando un sentido de realización y bienestar. Al encontrar nuevas
formas de estar agradecidos, podremos abrirnos a nuevas posibilida-
des de conexión y satisfacción.

1. La música es una buena herramienta para acceder a nuestras emociones más profundas y evocar recuerdos significativos. Identifica
   a dos personas a las que quieras agradecer en especial y elige una
   «canción» de gratitud para cada una de ellas. Anota lo que estas
   canciones expresan sobre esas personas. Cada vez que veas a esa
   persona, reproduce mentalmente su canción.

2. ¿En qué cambia tu día cuando das las gracias nada más levantarte
   por la mañana? ¿Qué te impide hacer esto todos los días?

El estilo de vida estoico

DÍA 84: APRECIA LA DIVERSIDAD

Siempre que quieras alegrarte, piensa en los méritos de los que viven contigo; por ejemplo, la energía en el trabajo de uno, la discreción de otro, la generosidad de un tercero y cualquier otra cualidad de otro. Porque nada produce tanta satisfacción como los ejemplos de las virtudes, al manifestarse en el carácter de los que con nosotros viven y al ofrecerse agrupadas en la medida de lo posible. Por esta razón deben tenerse siempre a mano.

Marco Aurelio, *Meditaciones*, 6.48

Marco Aurelio nos presenta una herramienta muy útil para mantener a raya nuestro ego: disfrutar de las virtudes de quienes nos rodean y apreciar su diversidad. Así pues, enfocándote en las cualidades de quienes te rodean cultivarás la gratitud y contribuirás a un hogar o comunidad de abundancia.

1. Piensa en alguien a quien quieras. ¿Cuáles son sus tres mejores cualidades? Agradece mentalmente a esa persona cada una de sus virtudes. Ahora piensa en alguien no tan cercano. ¿Podrías señalar alguna cualidad suya? Da las gracias también mentalmente a esa persona con un imaginario apretón de manos.

2. ¿Qué cambios notas en tu mentalidad cuando piensas en las virtudes de otras personas? ¿Cómo podrías habituarte a este pensamiento?

DÍA 85: ENCUENTRA TU MANERA DE FLUIR

El afán del que está empeñado en su trabajo le procura
un gran deleite en medio de su actividad: no se deleita
por igual quien aparta la mano una vez consumada
la obra. En ese momento goza del fruto de su arte;
cuando pintaba gozaba del propio arte.

Séneca, *Epístolas morales a Lucilio*, 9.7

Hace dos mil años, Séneca identificó el concepto moderno de *fluir*:
estar del todo satisfecho y felizmente absorto en el propio trabajo.
Cuando entendemos nuestra vida como una obra de arte en constante
desarrollo, cada una de nuestras acciones se convierte en una expresión artística de nosotros mismos. Por tanto, desviar tu atención lejos
del apego al resultado para concentrarte en gozar de la acción en sí
misma te permitirá sumergirte profundamente en el proceso creativo
de vivir.

1. Piensa en tus momentos creativos más felices y describe tu
    experiencia.
2. Imagínate un día de tu vida como tu próxima obra de arte.
    ¿Qué podrías hacer para que todas tus acciones (levantarte por
    la mañana, lavarte los dientes, ir a trabajar, etc.) te procuren un
    gran deleite?

El estilo de vida estoico

DÍA 86: APROVECHA LOS ERRORES

Entonces, ¿qué? ¿Es posible que uno ya no se
equivoque? Imposible; pero sí es posible tender
siempre a no equivocarse. Pues sería deseable que,
sin relajar nunca esta atención, quedáramos aparte, al
menos, de unos pocos errores.

Epicteto, Disertaciones, 4.12, 19

Epicteto nos demuestra que aspirar a la excelencia ayuda a acercarse a los propios objetivos, aun sabiendo que nunca se alcanzará la perfección. De acuerdo, no puedes lograr la sabiduría o la virtud completas, pero sí aspirar a ellas. Es una cuestión de atención (¿tienes disposición a enfocarte en tus defectos?) y de intención (¿esto me hará más sabio?). Si te ves capaz de seguir trabajando en ello es que estás en el camino correcto para sacar el máximo partido de tus imperfecciones humanas.

1. Apunta un error que hayas cometido hace poco. Ahora lee lo que has escrito y, a continuación, toma nota otra vez de ese error, pero añadiendo más compasión a tu redacción.

2. Piensa en alguna ocasión en la que hayas tenido la culpa de algo. ¿Te costó reconocer tu error? Menciona una virtud que podrías emplear en esa situación, en el caso de que se repitiera o se diera otra parecida en el futuro.

El estilo de vida estoico

La filosofía exige frugalidad, no castigo; además, puede existir frugalidad sin desaliño. Esta medida me complace: moderar la vida en medio de las buenas costumbres públicas; que todos no solo contemplen nuestra vida, sino que la aprueben.

Séneca, *Epístolas morales a Lucilio*, 5.5

Cuando descubrimos una nueva forma de vida que consideramos beneficiosa, es común sentirse entusiasmado en exceso. Pero Séneca nos advierte que hay que ser moderado aun cuando se trate de un modo de vida sano y sabio. No queremos caer en el agotamiento ni convertirnos en dogmáticos. Se trata de integrar el estoicismo en la propia vida, de tal manera que nos ayude a vivir con sabiduría, justicia, templanza y coraje, y a inspirar a los demás a hacer lo mismo. Actuar como sabios, pero sin separarnos de la sociedad o de las personas comunes.

1. ¿A qué se refiere Séneca cuando habla de «frugalidad, no castigo»? ¿Sabes distinguir entre un estilo de vida simple y auténtico y la privación innecesaria?
2. ¿Cómo puedes cumplir con tus responsabilidades cotidianas mientras practicas un estilo de vida rico en virtudes estoicas? ¿Dónde está el equilibrio?

Se buscan retiros en el campo, en la costa y en el
monte. Tú también sueles anhelar tales retiros. Pero
todo eso es de lo más vulgar, porque puedes, en el
momento que te apetezca, retirarte en ti mismo.
En ninguna parte un hombre se retira con mayor
tranquilidad y más calma que en su propia alma.
Concédete, pues, sin pausa, este retiro y recupérate.

Marco Aurelio, *Meditaciones*, 4.3

En medio de tantas exigencias de la vida actual, solemos caer en la
tentación de pensar que unas vacaciones serán la respuesta a todos
nuestros problemas. Y si bien el ocio reflexivo es un elemento clave
del estoicismo, Marco Aurelio nos recuerda que existe una línea muy
fina entre lo que es un tiempo para desconectar y relajarse y el querer
escapar de uno mismo. Para los estoicos, el retiro más productivo es el
retiro interior, porque nos permite ver las grietas del alma.

1. Cierra los ojos y visualiza tu propio retiro interior de paz.
   Describe lo que ves y experimentas en este retiro. ¿Cuál es tu
   estado mental?
2. Cuando te encuentras en una situación de estrés, ¿qué virtud
   te ayuda a recuperar la tranquilidad interior? ¿Qué condiciones
   se han de dar para que seas capaz de recurrir a esa virtud en los
   momentos de estrés?

Examino conmigo mismo todo el día y repaso de nuevo todas mis acciones y palabras. Nada me oculto, nada me dispenso: en efecto, ¿por qué habría de temer considerar ni una sola de mis faltas, cuando puedo decirme: «Cuida de no hacer eso otra vez; por esta te perdono».?

Séneca, *Sobre la ira*, 3.36

El estoico Sextio solía hacerse tres preguntas al final del día: «¿Qué mal hábito he corregido hoy?, ¿qué vicio he superado?, ¿cómo he mejorado?». Séneca también hizo suya esta rutina, enfatizando además la honestidad en sus respuestas. Para Séneca, casi más importante que las preguntas era la veracidad de las respuestas. Después de todo, ¿qué has de temer cuando tú tienes el control de cómo respondes a las circunstancias de la vida?

1. Plantéate tres preguntas para tu ritual nocturno de escritura Puedes adoptar o adaptar las siguientes: *¿Qué cosa buena he hecho hoy?, ¿qué podía haber hecho mejor?, ¿cómo puedo mejorar mañana?*
2. Describe por escrito tres formas de demostrarte autocompasión en lugar de culparte. ¿De qué manera podrías expandir esa compasión para mejorar la vida de quienes te rodean?

DÍA 90: RECUPERA TU BIENESTAR INTERIOR

Cava en tu interior. Dentro se halla la fuente del bien,
y es una fuente capaz de brotar de manera continua, si
no dejas de excavar.

Marco Aurelio, *Meditaciones*, 7.59

La felicidad, la realización y la libertad están al alcance de todos cuando buscamos en nuestro interior. De hecho, son manantiales inagotables. Pase lo que pase alrededor, siempre podrás acceder a tus reservas internas de sabiduría y aceptación. No es fácil y no ocurre de repente, pero si te esfuerzas en alcanzar la excelencia interior descubrirás que tienes una fuente perenne de virtud y satisfacción dentro de tu propia mente.

1. Enumera los recursos internos que posees y que planeas utilizar en momentos difíciles. ¿Cómo podrías aplicarlos de manera activa en tu vida cotidiana?
2. Lee algunas de tus entradas anteriores. Elige una y deshazte de ella. Elige otra para doblar la esquina de la página y volver a ella en busca de inspiración o responsabilidad. El estoicismo es un equilibrio entre el desapego y la intencionalidad.

PALABRAS FINALES

Felicidades por haber dedicado 90 días a llevar un diario siguiendo los principios y las prácticas estoicas. Has alcanzado un hito en tu existencia al iniciar un viaje de por vida hacia la paz interior y la satisfacción. Esta experiencia de llevar un diario es exigente, pero tú has estado a la altura. Gracias a tu dedicación, has experimentado ya algunos de los beneficios psicológicos de una práctica estoica coherente: mayor propósito, mayor aceptación, mayor generosidad y mayor intencionalidad en todo lo que haces.

Confío que el haber llegado hasta aquí no lo veas como un punto final, sino como un nuevo comienzo. Tienes todo lo necesario para prosperar. Has limpiado el terreno y plantado las semillas para una vida de sabiduría y realización. Ahora depende de ti cuidar esas semillas y hacerlas crecer.

AGRADECIMIENTOS

Quiero dar un agradecimiento especial a quienes han hecho posible
este libro: al entusiasta equipo de Zeitgeist (en especial, Erin Nelson)
por su profesionalidad y por sus ideas; a Chris Gill por sus valiosos
consejos (en este y otros proyectos); y a mi siempre solidaria familia
por su incondicional apoyo. Muchas gracias también a mis amigos
y compañeros de la comunidad estoica, por sus conocimientos e
inspiración. Este libro está inspirado no solo por el estoicismo antiguo, sino también por el estoicismo moderno y por todos aquellos
que persisten en vivir de acuerdo con unos principios éticos y morales
elevados.

Aurelio, Marco. *Meditations.* Traducido por George Long. Londres: Blackie & Son, 1910.

Epicteto. *"The Discourses" as Reported by Arrian, "The Manual," and "Fragments."* Traducido por William Abbott Oldfather. Cambridge y Londres: Harvard University Press/Heinemann, 1926.

Laercio, Diógenes. *Lives and Opinions of Eminent Philosophers.* Traducido por John Sellars. Los Angeles: University of California Press, 2006.

Séneca, Lucio Anneo. *Moral Letters to Lucilius.* Traducido por Richard Mott Gummere. Londres y Nueva York: Heinemann/G. P. Putnam's Sons, 1915.

———— "The *Natural Questions* of L. Annaeus Séneca Addressed to Lucilius." En *Physical Science in the Time of Nero: Being a Translation of the "Quaestiones Naturales" of Séneca,* Traducido por John Clarke. Londres: Macmillan, 1910.

———— *Of a Happy Life.* En *Minor Dialogues Together with the Dialogue "On Clemency,"* Traducido por Aubrey Stewart. Londres: George Bell and Sons, 1900.

———— *Of Anger.* En *Minor Dialogues Together with the Dialogue "On Clemency,"* Traducido por Aubrey Stewart. Londres: George Bell and Sons, 1900.

———— *Of Consolation: To Polybius.* En *Minor Dialogues Together with the Dialogue "On Clemency,"* Traducido por Aubrey Stewart. Londres: George Bell and Sons, 1900.

———— *Of Peace of Mind.* En *Minor Dialogues Together with the Dialogue "On Clemency,"* Traducido por Aubrey Stewart. Londres: George Bell and Sons, 1900.

———— *Of Providence.* En *Minor Dialogues Together with the Dialogue "On Clemency,"* Traducido por Aubrey Stewart. Londres: George Bell and Sons, 1900.

———— *On the Shortness of Life.* Traducido por John W. Basore. Londres: Heinemann, 1932.

LA AUTORA

La doctora **BRITTANY POLAT** es escritora y una estudiosa del estoicismo. Cofundó la ONG Stoicare, que promueve los principios estoicos de la sabiduría, el bienestar, la comunidad y la atención. Es también miembro del comité directivo de Modern Stoicism y del consejo de Stoic Fellowship, dos organizaciones no gubernamentales que promueven el compromiso público con el estoicismo. Brittany es doctora en Lingüística Aplicada, pero en la actualidad dedica la mayor parte de su tiempo a escribir y dar charlas sobre el estoicismo por todo el mundo.